2015年度中央民族大学体育学院学术团队建设项目

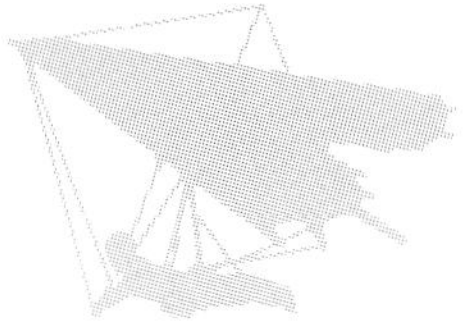

时尚健身文化与少数民族大学生身心健康

◎胡 悦/著

FASHION FITNESS CULTURE AND ETHNIC MINORITY COLLEGE STUDENT'S PHYSICAL AND MENTAL HEALTH

中央民族大学出版社
China Minzu University Press

图书在版编目(CIP)数据

时尚健身文化与少数民族大学生身心健康/胡悦编著.
—北京:中央民族大学出版社,2016.12
ISBN 978-7-5660-1244-9

Ⅰ.①时… Ⅱ.①胡… Ⅲ.①健身运动 ②少数民族—大学生—健康教育 Ⅳ.①G883 ②G479

中国版本图书馆 CIP 数据核字(2016)第 249227 号

时尚健身文化与少数民族大学生身心健康

编　　著	胡　悦
责任编辑	李苏幸
封面设计	布拉格
出 版 者	中央民族大学出版社 北京市海淀区中关村南大街27号　邮编:100081 电话:68472815(发行部)　传真:68932751(发行部) 68932218(总编室)　68932447(办公室)
发 行 者	全国各地新华书店
印 刷 厂	北京宏伟双华印刷有限公司
开　　本	787×1092(毫米)　1/16　印张:18.25
字　　数	300 千字
版　　次	2016年12月第1版　2016年12月第1次印刷
书　　号	ISBN 978-7-5660-1244-9
定　　价	56.00 元

总　序

近年来中央民族大学体育学院的同行们积极致力于教学科研工作，撰写发表了大量相关的科研论文与论著，主持或参与了民族传统体育与体质等方向的课题研究，并取得了较为丰富的成果。

中央民族大学体育学院“985 工程”资助项目系列成果，总体以体育学与民族学为研究基本视角。发挥交叉学科科研方法的多缘优势，以提升相关问题研究的科学性与使用价值。

教材类书籍吸收国内外成熟的理论观点，结合中央民族大学多年来的体育教学实际，编写与我校体育教学培养方案与教学大纲相匹配的教材内容。在理论指导的基础上，提出切实可行的教学方案和评价体系，突出教材在教学过程中的规范与可操作性。

科研论著我们力求一改以往同类课题以宏观阐述为主的模式，深入到影响少数民族学生身心的具体环节，得出相关结论，最终依据论证结果设计出最佳解决方案。使民族体育研究具备严谨科学的理论依据，避免以往该类型课题论证与实践过程的粗放与随意。

教学科研成果大多运用了体育学中运动生理学和运动心理学等学科原理，通过测试、数据采集等方式，论证少数民族各群体的健康现状。将民族学人文研究模式与体育学生物性研究模式有机结合，拓宽了民族体育与民族体质研究的渠道。

在民族体育的田野挖掘调研阶段，以民族志“深描”理论为依据。在民族体育的质性研究中，将研究者的现场观察与体验真实地表达，同时把一切能够表达独特关系的情节和文化背景以及民族体育的形式与结构，深入而细致地描述出来。而民族传统体育健身功效价值的研究与应用，从感性认识逐步上升为理性的学理实证研究，为民族传统体育的应用实践提供理论依据。

常规体育项目的健身功效已经被证实，并为人们所接受。而民族体育的健身功效，现阶段多为感性介入层面，缺乏体育学学理的实证数理支撑。而少数民族体育作为他者被人们特别是被体育界所接受，需要在体育学与民族学等学科中形成共同的语言系统，从而在学科的概念上展开沟通，并按照通行的规范来展开对话。在此前提下，民族传统体育与体质的研究与应用，通过体育学科中的运动生理学和运动心理学等理论，展开实证研究产生比对数据，得出学界认可的论证结果，形成民族体育和少数民族体质健康研究的崭新模式。

希望今后体育学院的科研工作和做学问的态度，犹如鲁迅先生所说“有真义，去粉饰，少做作，勿卖弄”，质朴而深入。我们也在试图通过以“广开言路，平权交流”、“多元共生，包容互利”为主旨的读书交流和科研讲座等活动，搭建营造体育学院畅所欲言的科研氛围和政治环境。逐步引导我们的学生和老师以平民立场、专家深度、环球视野看待、讨论社会问题和学术问题，最终形成体育学院“提升人文素养，弘扬体育精神”的独特的人文气象。

中央民族大学体育学院院长 张涛

2013 年 9 月 27 日

目　录

总　　论

一、有关时尚健身的几个定义

（一）时　尚

所谓时，乃时间，时下，即在一个时间段内；尚，则有崇尚，高尚，高品位，领先。所谓时尚，是时与尚的结合体。时尚意味入时、流行，不同时期其内容不同。英文为 fashion。时尚通常是指外在行为模式很快流传于社会的现象。如衣着、发型、语言等方面的一种异乎寻常的亚文化及其行为模式，往往很快吸引许多人竞相模仿，广为流传。时尚一词来源于生活，体现于生活，是手机、网络、电视、电影、新闻、报刊等媒体频繁出现的词。很多人对时尚的理解都不同，有时时尚即是简单，与其奢华浪费，不如朴素节俭；有时时尚只是为了标新立异，让人焕然一新。在这里，时尚指的是当代大学生喜欢的健身运动。

（二）健　身

健是指健身、健全、健康、强壮。身是指身体条件，身材、身形。健身是一种通过锻炼达到强身健体、健美身形的行为。更深入地讲健身也是促进身心健康的行为。健身大致分为器械锻炼和非器械锻炼。健身同时也是很多男士和女士用来塑造完美身材的一种锻炼方式，是在动感时尚的健身房中人们都喜欢的运动。在这里，健身是指以各种体育锻炼形式达到强身健体目的的体育锻炼。

（三）文　化

文化是指在人类社会发展的过程中所创造的物质文化和精神文化的总和。特指社会意识形态、精神财富，如文学、艺术、教育、科学等。文化是一个历史性的概念，在阶级社会中，文化是阶级斗争的武器。一定文化背景必将影响和作用于一定的社会经济和社会政治。在这里，文化更多是指健身项目的起源、发展、地理、精神等方面。

（四）时尚健身

随着社会的发展，人类在不断追求与自然融合的过程中，为更好地适应和满足时代要求，凭借现代高科技手段，最大限度地发挥人的潜能，从不断完善和挑战自我的过程中获得身心愉悦和健康的新兴体育手段。时尚健身作为当前社会经济发展的产物，是体育文化发展到一定阶段所产生的社会现象。

我国是一个多民族的国家，少数民族大学生主要集中在民族院校和民族地区，2005 年教育部、国家民族事务委员会等五部委共同组织全国学生体质与健康调研结果显示，民族大学生体质健康状况呈下降趋势。因此，研究提高民族大学生身心健康，最终服务于民族地区经济、文化、政治、社会建设具有举足轻重的意义。在教材研究和分析过程中，力求多方面综合考察少数民族大学生身心健康的重要影响因素，通过时尚健身的手段达到提高少数民族身心健康的目的。

二、时尚健身的文化属性

（一）时尚性

任何文化都是时代的产物，都在一定的程度上反映时代本质的特性，同时又随着时代的发展、前进而不断地演化自己的形态。在健身文化的形成和发展中健身的形式与内容都在不断地对其产生影响。健身是追求健与美的现代人的一个热门话题，它可以带给你强健的体魄、优美的身姿及良好的精神状态。时尚健身自身具有一定的时尚性，是随着社会不断发展对健身提出更高要求而产生的，比较符合当今年轻人对健身的需求，符合时代对体育的要求。时尚健身作为体育日常化的表现形式，背后更多体现的是体育的发展与进步。

（二）广泛性

全面贯彻落实《全民健身条例》，使广大群众参与到健身的行列中，符合国家制定的方针与政策，无论男女老少都应该将健身作为生活的一部分，以时尚为健身内容更满足了广大青年男女对健与美的认识，将被动健身转为主动健身，对全社会的健身热潮产生一定的积极意义。

（二）娱乐性

在社会中，繁忙的学习、紧张的工作使得大部分人感到焦虑和疲劳，放松情绪、消除疲劳的有效方法莫过于健身活动，丰富的时尚健身项目普遍带有浓厚的娱乐色彩，这正迎合了广大群众生理、心理特点和文化需要。暂时忘掉工作和学习的烦恼，获得精神的愉悦与自由，有利于人们身心和谐、健康地发展。

（三）健身性

运动健身不仅能改善和提高人的中枢神经系统的工作能力，而且能保持人清晰的思维和良好的记忆能力。在健身过程中，血液循环加快，心肺功能提高，可以改善呼吸系统，增强骨骼肌肉力量。

三、时尚健身与文化的关系

（一）健身属于文化范畴

首先健身属于体育范畴，而体育的本质就是一种文化，体育的产生与人类生存与发展共存亡。因此体育也是一个历史性的概念，在人类社会文化生活的长河中，它在不断地变化、充实、富丽，体育文化和人类的其他文化一样是组建积累而成的。在人类的社会实践中，它不断新陈代谢，不断丰富，人们也在改变着对它的价值功能的认识，不断吸收新的手段方法，于是就产生了新的健身理念与方式。人们已经意识到，作为一种特殊文化现象，健身活动最为人们喜闻乐见、广为接受、积极参与。随着社会的发展与进步，它越来越成为人们生活中必不可少的重要组成部分，而且已经成为现代人们生活水平和生活质量的重要标志，缺少健身活动内容也将视为不完善的现代文明生活。健身活动在丰富文化内容，充实文化生活，促进社会文明的进程中越来越显示出重要作用。

（二）时尚健身与少数民族学生身心健康的关系

1. 时尚健身作为体育教育能够塑造学生身心素质

（1）少数民族大学生生长发育的特点

大学生正处于人体生长的青年期，这个时期的人体特点是：人体骨化结束，机体成熟。身体形态、身体素质基本稳定成型，机体的同化和异化过程处于相对平衡状态，代谢旺盛、抵抗力强，肌肉所占身体体重比例为30%～45%之间，各种有机盐和无机盐比例处于最佳状态，骨骼有弹性，心血管系统、神经系统以及人体其他组织系统发育更加完善，功能处于稳定健康状态，性发育成熟，身体动作灵敏度、精确度、运动素质相对较高。

（2）少数民族大学生心理特点

我国大学生多数处于青年中期（18—24岁）这一年龄阶段。在这个阶段，个体的生理发展已接近完成，已具备了成年人的体格及种种生理功能，但其心理尚未成熟。如何促使大学生心理日益成熟，使其成为一个心理健康的成年人，是我们面临的一个主要问题。因为，青年中期是走向成熟的关键期，此时大学生的心理发展不成熟，情绪不稳定，很容易造成心理冲突，如理想与现实的冲突、理智与情感的冲突、独立与依赖的冲突、自尊与自卑的冲突、竞争与求职的冲突，等等。这些冲突和矛盾若不能及时得到有效疏导、合理解决，久而久之会形成心理障碍。特别是当代大学生在高中阶段为了在激烈的高考竞争中取胜，几乎是全身心投入学习，家长的过度保护、学校的应试教育使这些学生心理比较脆弱，缺乏挫折承受力。进入大学后在学习、生活、交友、恋爱、择业等方面小小的挫折足以使他们中的一些人难以承受，以致出现心理疾病，甚至离校出走、自杀等。从环境因素看，竞争的加剧、生活节奏的加速，使人产生了时间的紧迫感和压力感；随着个人对生活目标的选择机会增多，难以兼顾的矛盾也加剧了大学生内心的冲突，使他们产生了无所适从的焦虑感。再加上各种生理因素、心理因素、社会因素交织在一起，极易造成大学生心理发展中的失衡状态。而少数民族大学生心理状态会更加敏感，因为语言、饮食等行为习惯的差异形成了他们交流障碍会比普通学生更大一些。所以我们应该更加注重对大学生的心理健康教育。

时尚健身运动作为大众健身中最为流行和喜欢的运动方式，可以增进学生健康、增强体质。它不强调竞赛成绩，通过合理、科学、循序渐进的运动模式逐步改善学生体质，在提高学生运动能力的同时促进其头脑清晰，思维敏捷。当下大学生过多“宅”在寝室里玩手机、看电脑，或者长时间在图书馆、教室看书伏案工作，学生的呼吸表浅，血液循环缓慢，新陈代谢低下。有效合理的健身运动不仅可以提高体能，也可以促进各种器官系统机能得到发展，而机能的发展与体能的表现是一致的。因此，在提高体能的过程中，为适应身体运动需求，身体各系统必须提高和优化其功能。如要发展耐力素质，需要提高心血管系统、呼吸系统以及肌肉组织持久工作能力，促进血液循环，提高心脏功能。在大自然或空气新鲜的环境中进行身体锻炼，可以使大脑获得积极有效的休息，同时改善大脑的供血情况。经常进行健身活动，可以使心脏产生功能性肥大，心肌收缩力加强，使得心脏获得较多的休息时间，减轻心脏负担。同时健身活动可以提高人体适应能力，适应环境变化的耐受能力和平衡能力，包括对外环境的适应能力和对疾病的抵抗能力。此外，还要注意学生心理健康的发展。

心理素质也称心理品质。它包括心理过程和个性心理特征两个方面，我们本着培养出更多更优秀的体育后备人才的考虑，也强调学生心理稳定性、性格、意志、思维等因素。心理素质对学生的健康影响力非常大，现代大学生受到一点挫折就灰心丧气，如果不早点发现甚至有可能发展成轻度抑郁症，久而久之造成心理疾病，失眠、健忘、自闭、暴力倾向等，严重还会自杀，危害到孩子生命和社会和谐发展。从根本上讲，合理的健身可以有效缓解学生心理压力，释放情绪，帮助学生调整心理状态，可以有效降低和缓解学生的忧虑、悲伤、低落和紧张的情绪，定期进行有效的集体运动，还会增加学生的团队意识、自信心等正面情绪，提高学生的心理健康水平。

2. 少数民族学生是全民健身活动服务的重要组成部分，也是时尚健身重要的服务对象

当前针对少数民族大学生体质健康的研究主要分为三种：第一种是指标描述性的研究，这类研究就出现在少数民族学生体质的早期研究中，主要是身体形态指标：身高、体重、胸围；身体机能指标测量：肺活量等；身体素质指标测试：100 米、立定跳远、1 分钟仰卧起坐以及引体向上。第二种是动态追踪研究，对青少年形态、机能发育与素质发展进行群体的动态分析，是研究人类体质状况长期发展趋势的重要方法之一，也是观察自然环境、社会环境、遗传和体育锻炼等因素对体质状况影响的一个重要手段，第三种是少数民族之间的差异比较分析，主要利用体质调研获得少数民族学生的体质差异数据，可以形象直观地对少数民族学生体质状况进行研究。

时尚健身运动会激发学生的兴趣，大大提高学生对体育运动的喜爱程度，通过上课教学及体育健身，体育游戏和竞赛，学生对体育锻炼不再厌烦和感到枯燥乏味，在提高教学质量的同时，提高学生身体素质。我国是一个多民族国家，增进少数民族学生身体健康发展，提高学生体质，从宏观上讲，可以完善我国体育健身体系，使得全民健身、学校体育服务于少数民族学生健康，繁荣少数民族地区教育，不断提高少数民族人民体质健康水平，为全社会和谐发展提供合格人才储备，为建设和谐社会做贡献。从微观上讲，时尚健身内容多样，种类繁多，有极限运动、团体课程（瑜伽、普拉提、街舞、拉丁舞）、拓展课程从不同角度激发学生的健身兴趣，有利于学生培养和建立终身体育锻炼的好习惯，提高学生的健康水平。

（三）时尚健身受到文化现象的影响

健身发端和形成的文化学因素，从时尚健身产生的特性来看，它主要是由于受地理环境、生活方式、社会政治及经济等各因素的影响。任何新兴健身理念与方式的产生与发展都源于当时的文化背景。

举例说明

第一次工业革命人们发明了手摇纺车、石墨，这些机器是人类体质的放大，于是当时的健身理念就是注重体质和保健；第二次工业革命人们给工作机配上了动力，如风车、太阳能，于是人们开始重视人类机能潜力的挖掘，于是就产生了竞技体育；第三次工业革命出现了自动控制机，人们从体力劳动中解放出来，于是体力运动减少，脑力劳动增加，出现肥胖等各种疾病，于是健身强调“有氧运动控制体重”“娱乐身心释放压力”。

新兴的健身理念，“追求与自然的和谐发展与融合”“娱乐保健”“社交与合作”“释放压力”“张扬个性与创造力”“挖掘潜力”等与现代社会越来越发达的社会生活息息相关，现代生活对人的压力、需求、封闭和自我意识观念的增强，使人们开始寻找释放自我和寻求改变自我，于是新兴的健身方式和理念便顺势产生了，它们不仅是人们实现自我的手段，更加突出弥补了现代生活的需求空间，是社会对新文化理念的一种追求。

新兴的健身项目在顺应时代发展需求的同时，更是现代社会人们对于人类文化发展的又一大突破，新兴健身项目在传统体育项目中获得蓬勃发展的同时，也必然将自身的文化特性带到现代社会文化生活中，丰富了当今体育文化内容，促进了社会文化生活的发展。

四、时尚健身活动的基本要求

1. 时尚健身的科学基础

生物学基础是时尚健身的最基本的理论基础。健身必须符合生理学、解剖学、运动力学等生物学科学基本原理。健身的强度因个体的差异而不同，健身的强度是适合的运动负荷中最关键的因素。根据集体超量恢复和适量复合原理，一般把刚刚引起超量恢复的效果强度称为健身阈强度，将次心率称之为阈强度心率。从阈强度心率到最大强度可称为健身强度靶区。人的最高心率等于220减去年龄，适宜强度为最高心率的60%—90%，见表1。

表1　健身活动的适宜运动强度（次/分）

年龄	最高心率	健身活动的适宜运动强度
20	200	120—180
30	190	115—170
40	180	110—160

2. 时尚健身应该遵守的运动锻炼的原则

（1）合理安排运动负荷的原则

①合理安排运动负荷原则的定义

所谓合理安排运动负荷原则是指在健身训练过程中，根据训练任务和对象的水平，逐步地有节奏地加大运动负荷，直至最大限度。即首先要从训练任务和训练水平出发考虑运动负荷安排的合理性，在增加运动负荷时，无论是量还是强度，都要由小到大，呈现加大→适应→再加大→再适应的过程，从而有节奏地逐步提高学生承受负荷的能力，直至达到极限。只有极限负荷的刺激，才能将学生机体的功能潜力充分挖掘出来，达到增进健康，提高机体运动能力的要求。

②合理安排运动负荷原则主要依据的两个原理

a. 生物适应原理：训练过程中对有机体施加运动负荷刺激产生的效应，实质上是一个生物适应过程。当有机体适应这一负荷后，机体的功能就会提高，出现“节省化”现象。在此基础上，只有施加更强烈的负荷刺激后，才能使机体在原有基础上产生新的适应，取得新的训练效应。因此，在保证足够的适应时间和不超量的情况下，必须逐步地不间断地加大负荷。

b. 超量恢复原理：根据运动生理学原理，在一定范围内运动负荷越大，对有机体的刺激越深刻，产生超量恢复的水平就越高，如此反复刺激从而使机体的功能得到更大的发展。所以在健身训练过程中必须安排极限负荷，进行超成套动作的大负荷刺激，在保证恢复和超量恢复的前提下，使负荷和恢复交替进行。

③合理安排运动负荷原则的训练学要点

a. 正确把握负荷量和负荷强度的关系：有机体能承担较大负荷强度刺激，就能承担较大数量而负荷强度较小的刺激；能承担较大负荷量的刺激，就能承担较小数量而负荷强度较大的刺激。量的增加为强度的提高打下基础，而强度的提高为量的增加创造条件，二者相辅相成，互为促进，从而达到运动负荷逐步提高的趋势。

b. 循序渐进地加大运动负荷：健身训练过程中，只有不断加大负荷，才能加深学生有机体的刺激，提高其训练适应水平，但也不能是一蹴而就、越大越好，不能超越学生现有承担“最大负荷”的能力。只有在学生适应了原有负荷的基础上再逐步增加负荷强度，才能取得较好的训练效应，而且恢复措施也必须跟得上。

c. 掌握好负荷与恢复的关系：只有在有机体承担一定的负荷，得到适当的恢复后，消除疲劳，才能承担新的负荷，使机体功能逐步得到提高。

d. 加强医务监督和恢复手段的运用：监测学生负荷和恢复的情况，尽可能创造条件加强医务监督，特别防止过度训练的发生。注重健身训练后的放松环节，通过各种舒展身体和伸拉性的动作，进行放松并促进恢复。

（2）**区别对待原则**

①区别对待原则的定义

区别对待原则是指根据运动员的个性特征和个人特点，有针对性地对不同学生确定不同的健身训练任务，选择不同的训练方法，运用不同的训练手段以及安排不同的训练负荷。针对不同学生训练中的个体特异性实施区别对待，是健身运动训练中应遵循的重要原则之一。

②区别对待原则的训练学原理

区别对待原则要求教练员、教师在实施教学训练时必须在充分注意到学生共性的同时，还要充分注意运动员个性的特殊性。区别对待原则最重要的依据是学生的特殊性和运动训练特点的多变性。

a. 学生先天条件的特异性：不同学生拥有不同的遗传特征和不同的先天条件，包括身体形态、性别和年龄、生理特点和个性心理特征、训练状况、运动能力、竞技水平以及训练情绪，等等，因此健身运动训练中只有在全面了解学生的遗传情况和个性特征的前提下，教练员才能把训练任务贯彻到各种类型的学生中去。

b. 学生后天条件的特殊性：影响学生发展的后天条件主要是环境和教育，包括学生的文化水平、训练条件、价值取向等。一般来说，文化水平高，思维能力强，在与教练员沟通、理解教练员的训练意图以及技术动作等方面，具有较高的优势。从训练条件和比赛条件来看，不同的训练条件如公开训练和封闭式训练对学生的情绪控制、思维意识、注意力等方面将会产生不同的影响，还有学生自身不同的价值取向等，作为教练员都需要更好地运用区别对待原则，对运动员进行全方位的调控。

c. 运动训练特点的多变性：在健身训练中，教练员、教师和不同学生在不同状态下所表现出来的特点，包括决定运动能力的各种因素、教练员的业务水平、对训练的总体部署、训练所处的阶段和具体要求以及气候、场地、器材等外界环境等，这些因素的不断变化，都要求教练员及时根据训练对象的具体情况有区别地组织训练。

③区别对待原则的训练学要点

a. 深入了解学生的先天情况：在健身训练前，要求教练员、教师首先对学生的遗传特征、身体形态、性别和年龄、生理特点和个性心理特征、训练状况、运动能力、运动水平以及健身情绪等进行深入的了解，只有在掌握学生第一手资料的前提下，才能根据不同运动员的具体情况制定训练计划，安排训练负荷，贯彻区别对待原则。

b. 密切关注学生后天情况的变化：在健身训练的始终，作为教练员、教师要随时随地了解学生的思想、学习、生活、训练、比赛前后的生理心理变化及其家庭、世界观、价值取向等，具体情况具体分析，根据不同对象制定相应的对策。

c. 随时调控训练过程中的多变因素：在健身训练不同训练时期、

不同阶段，各种环境条件、训练因素的改变都会对训练的正常进行产生不同的影响，因而对教练员的综合能力提出了更高的要求，要求教练员区别对待各种变化情况，保证训练的正常进行。

(3) 系统不间断性原则

①系统不间断性原则的定义

系统不间断性原则是指从健身训练开始到出现优异运动成绩，长期训练过程中，都要按照一定的顺序，持续不断地进行科学训练。

在健身训练过程中，技术训练初期，首先要安排基本技术的训练，抓好基本功，打好基础，而后逐步进行各种高难度动作的训练。身体训练也是首先以有氧能力为基础，通过各种有氧健身方式提高其有氧代谢能力，进而逐步提高无氧代谢能力。完成从低级别到高级别难度动作的逐步过渡。

②系统不间断性原则的训练学原理

a. 运动训练内容的整体性要求：包括身体素质的整体发展、技术水平的整体发展、心理和智力发展的整体性、知识形成和发展的整体性等若干方面，掌握由低到高、由易到难、由简到繁的训练原则，按一定顺序安排训练的全过程，循序渐进，逐步提高。

b. 运动技能形成和训练效应积累的连续性要求：通过不间断的各种训练课、训练周期、训练阶段、训练年度等的逐步提高的后续训练，促使运动技能的逐步形成，达到训练效应的积累、巩固和发展。

③系统不间断性原则的训练学要点

a. 有针对性地选择健身训练内容和手段，按照由易到难、由简到繁、由浅到深、由已知到未知的次序进行安排，注重训练效果，循序渐进，一步步提高要求。

b. 保证全年、多年的不间断训练，必须保证有足够的训练日和训练次数，在保证学生获得的良好训练适应不消退的前提下，适宜安排合适的调整时间和阶段。

c. 抓好后备人才的培养和训练工作，保证各级训练的不间断性。

d. 采取有力措施，防止学生发生伤病，避免因伤病而中断训练，影响训练系统的不间断进行。

每一步跨越
都是一次超越

第一章 极限运动

极限运动（extreme sports）是指人类在与自然的融合过程中，借助于现代高科技手段，最大限度地发挥自我身心潜能，向自身挑战的娱乐体育运动。它除了追求竞技体育超越自我自身极限“更高、更快、更强”的精神外，更强调参与和勇敢精神，追求在跨越心理障碍时所获得的愉悦感和成就感，同时，它还体现了人类返璞归真、回归自然、保护环境的美好愿望，因此已被世界各国誉为“未来体育运动”。极限运动除了追求超越自我极限、挑战自我精神之外，更强调参与与体验。在国外，极限运动被作为治疗孤独症的重要手段。

将部分极限项目引入少数民族大学生身心健康教育，首先是因为极限运动符合素质教育的要求，它的内容别具一格，形式多样灵活，能够满足当代大学生期望挑战自我，超越自我；渴望与自然对话，释放学习与就业压力；在学校与社会之外寻找属于自我内心的诠释的内在要求。时尚极限健身运动已经在大学生中逐渐成为最有活力和挑战性的健身娱乐项目。本章通过科学全面地介绍跑酷、赛车、小轮车、蹦极等极限运动项目，科学引导学生进行极限项目的体验与练习，使学生清晰理性地认识这些极限运动，更好地驾驭极限运动，达到自由创新，突破进取，挑战自我，超越自我，展现自我的目的！

第一节 跑酷运动

一、跑酷运动的起源

20世纪80年代法国著名的运动教育家乔治休伯特就是“跑酷运动”的精神之父，早在100年前，他就提出了一个全新的训练口号“健有所用”。即公共汽车、电梯等现代城市设施，使得文明时代人类的体能有所退步，所以就应该有意识地利用城市空间来进行锻炼。到了1989年，来自巴黎郊区里斯的青年David Bellc和Scbastian Foucan决心将乔治休伯特的理念付诸实施，把儿童时代翻墙爬梯的玩闹，扩充成一种超越体能与都市环境的极限运动，开发出跑酷（法文Parcour）的理念。他们经历了10年，创造出一种新的生活方式——跑酷。①

跑酷运动是一项街头疾走的极限项目，它具有极限运动的特征，同时又具有一定的危险性，而“Parkour”一词来源于法文“Parcour”，含有穿越障碍、突破重围和局限的意思。Free running则是英文，表示自由奔跑，没有约束。

二、跑酷运动的发展

20世纪80年代跑酷这项运动最初是在法国内战期间由法国士兵们发起的，最早用于军事训练，士兵越过障碍物、攀爬、跳跃、滚翻等方面。2002年这项运动在英国开始盛行，后来大卫·贝利（David-Belle）把它发扬光大。2006年，跑酷运动由“奈落”带入中国，并开始在中国推广。跑酷不仅是运动的艺术，热衷者们更愿把它理解成为一种青年亚文化，而这种文化所倡导的生活方式就是：自由、勇敢、

① 张斌：《都市极限无规则运动“跑酷”初探》，《体育科技》2009年第6期，第123页。

敢于克服困难让自由灵魂在运动中无限伸展。跑酷中最为基本的动作是跑、跳、攀、爬。

2006 年跑酷这项运动进入我国，而我国跑酷运动的领军人物是杜易泽。杜易泽创建了中国专业化的跑酷俱乐部，在他的努力和积极宣传下有越来越多的人开始认识和喜欢上这项极限运动。2008 年跑酷运动登上了央视歌舞晚会。此后，有更多年轻人开始从事这项运动。据中国极限运动协会统计：全国共有 150 余家有组织的跑酷俱乐部，从事这项运动的民间运动员已达到 10 万多人，并保持着强劲的增长势头。2011 年 10 月 31 日—11 月 1 日“首届全国极限跑酷大赛”，在北京蓝色港湾举行，这是一项结合体育运动、时尚、音乐为一体的时尚健身赛事。作为目前国内唯一官方认定的极限跑酷赛事，它将承载着更重大的意义！将民间的、自由的、无组织的极限跑酷运动，发展成为正规的、有组织的体育项目，并使之能够广泛传播，被社会大众所认可。同时，通过举办体育赛事的平台，将跑酷运动中所蕴含的健康向上、充满信心、勇于挑战、克服困难的运动态度和生活理念传播开来，倡导自由、健康、积极的生活方式。

三、跑酷运动的文化属性

（一）跑酷运动的创新性

跑酷运动是一项具有创新性的极限运动。在跑酷训练、表演、竞赛中要体现的是出其不意的效果，超出常人的正常想象——体现个性、创新性。通过长时间持续的正规的跑酷基本功训练，练习者往往能够灵活翻越各种障碍物，不局限某些固定动作，提升创意，并鼓励练习者创编属于自己的动作。在基本的技术训练的基础上，灵活地适应各种不同的地形变化。

（二）跑酷运动的挑战性

跑酷运动是一项具有挑战性的极限运动。简单地讲，跑酷运动就是一项挑战自我的运动，是挑战自己内心，越过障碍不断完成自我、超越自我、展示自我的过程。通过跑酷练习，你会学会突破自我，敢于面对困难，敢于超越面前建筑物的障碍，同时也实现了自我内心的升华。在跑酷世界还有这样一种哲学，生活就像是由障碍和挑战组成的，要克服这个过程唯有超越它们，在练习中只有相信自己，心态平和，勇于接受挑战，你才能够面对眼前的障碍物，克服生活中的挫折。

（三）跑酷运动的自由性

跑酷运动是一项体现自由性的极限运动。自由是每个年轻人向往和追求的理想生活方式。跑酷运动受到年轻人追捧的主要原因之一是它的运动自由性。这种自由，体现在运动中，是用自我的方式表达对跑酷的理解。跑酷运动中不硬性规定完成哪些动作，没有一个定式，不规定训练场有哪些障碍，练习者根据自己训练的环境，选择自己喜欢的动作，舒展自我，释放自我，展现自我，这是一项极具个人色彩的运动，每个练习者都是与众不同的人。

（四）跑酷运动的观赏性

图 1—1—1　跑酷运动（图片由中国跑酷网提供）

跑酷运动是一项具有挑战性的极限运动，同时也被大家称作“城市中行走的艺术、移动的艺术”。跑酷运动中跑、跳、攀爬、翻滚以及其他一些方法都可以利用，它不仅吸引你，也吸引周围的人。真正的跑酷高手，强如虎，灵如猫，矫若游龙，动若脱兔，流畅而连贯的动作让路人驻足观看，连连称叹，给人带来强大的视觉冲击，时刻使人沐浴在美的享受中，从而表现出跑酷强大的生命力和艺术性。①

四、跑酷运动的身体素质要求

（一）力　量

力量素质是指人体神经肌肉系统在工作时克服或对抗阻力的能力。当肌肉工作时，其阻力包括内部阻力和外部阻力两方面。内部阻力有各肌肉和肌肉群之间的对抗力、肌肉的黏滞性等。外部阻力有物体的重力、摩擦力及空气阻力等。

力量是人体或身体某部分肌肉在工作时克服阻力的能力。主要分为一般力量和专项力量：力量素质与运动员体重的关系，可分为绝对力量和相对力量；依完成不同体育活动所需要力量素质的不同特点，可分为最大力量、快速力量和力量耐力。

最大力量是指肌肉通过最大随意收缩克服阻力时所表现出来的最高力值。相对力量是指运动员单位体重所具有的最大力量。相对力量对运动员来说是十分重要的，因为跑酷运动要求运动员具有较大的克服自身体重的能力。快速力量是指肌肉快速发挥力量的能力，是力量与速度的有机结合。常用的“爆发力”就是快速力量的一种表现形式，是指张力已经开始增加的肌肉以最快的速度克服阻力的能力。爆发力的大小取决于参与工作所有肌肉群总的收缩能力，同时要求肌群之间具有良好的协调性。

力量耐力是指肌肉长时间克服阻力的能力。它是力量和耐力的综

① 刘静等：《对于在我国青少年中开展跑酷运动的探讨》，《科技风》2008 年第 5 期。

合体现，是在静力性或动力性工作中长时间保持肌肉紧张而不降低其效率的运动能力。决定力量耐力水平的因素包括：保证肌肉耗氧和输氧的血液循环系统和呼吸系统的机能能力，工作着的肌肉有效利用氧的能力，糖酵解机制产生能量的能力和运动员克服疲劳的意志力等。

总之，在跑酷运动中，力量素质是不可或缺的身体素质，是做好一切动作的基础，尤其是高难度动作的完成必须由各部分的力量素质作为保障。其中的爆发力、力量耐力、快速力量对运动员特别重要。跑酷要求的连续的动作在快节奏下完成各种难度动作时，力量耐力非常重要，而运动员要大幅度、有效准确地完成动作，要有明显的“加速”和“制动”，体现出力度水平，就需要很好的快速力量，提高运动员对肌肉的控制能力。如果力量素质作为身体素质基础不能够保证，永远只能停留在某个阶段或区域而不能进步。发展跑酷运动，需要提高身体肩部、臂部、背部、腹部，还有下肢的力量，需要进行科学系统的力量素质训练。

跑酷力量训练方法

1. **下肢力量训练**：主要发展运动员身体弹跳能力。可运用杠铃、哑铃负重下蹲进行练习，也可以直接通过蛙跳、后蹬跑、纵跳、摸高跳来锻炼。弹跳对跑酷运动来讲很重要，常见的攀爬动作和空翻动作要求运动员具有良好的弹跳能力。

2. **上肢力量训练**：主要发展运动员上肢支撑推动的力量。通常在奔跑的过程中遇及障碍物时，利用手或肘部在墙壁上的支撑力的推动来增加跳跃的距离。上肢力量可以通过引体向上、俯卧撑、支撑动作进行练习，也可以通过负重上举、提拉等动作进行练习。

（二）耐　力

耐力素质是指有机体坚持长时间运动的能力。耐力表现为完成某一强度负荷所能持续的时间。运动员的耐力取决于多种因素，如速度、力量、肌肉成分、系统供能、有效完成动作技术、动作的节省化、完成负荷时的心理状态以及意志力等，这些因素都不同程度地对耐力素质产生影响。

从训练学的角度讲，运动员的耐力分为一般耐力和专项耐力。一般耐力是一种多肌群、多系统长时间工作的能力。良好的一般耐力有助于各种形式的训练取得成功。由于一般耐力是不同形式耐力的综合表现，不同的运动项目、项目特点也要求其一般耐力有各不相同的综合。专项耐力是指运动员有机体为取得专项成绩而最大限度地动员机体、克服因专门负荷所产生的疲劳的能力。在跑酷运动中，力量耐力是重要的专项耐力之一。

从生理学角度来讲，耐力素质又分为心血管耐力和肌肉耐力，心血管耐力又包括有氧耐力、无氧耐力和有氧与无氧混合耐力。有氧耐力是指有机体在氧气供应比较充分的情况下，坚持长时间工作的能力。有氧代谢能力可归结为与氧气的吸收、运输和利用有关的机体特性的综合。评定有氧代谢的重要指标是最大吸氧量，它取决于心血管和呼吸系统及血液循环系统的功能等。无氧耐力是指有机体在氧气供应不足的情况下，能坚持在较长时间内工作的能力。无氧耐力工作是在机体长时间处于供氧不足的状态下进行工作。

跑酷是一项要求运动耐力素质极高的极限运动项目。需要运动员具有长时间奔跑的同时完成跳跃、翻滚、攀爬、悬挂等高难度动作，所以耐力是决定你成败和动作难度系数高低的关键所在。跑酷的耐力应属于有氧耐力和无氧耐力相混合型。

耐力方面训练方法

1. 各种形式的长时间跑，如持续跑、变速跑、障碍跑、变换训练环境的越野跑、法特莱克跑（专业术语，是斯堪的那维亚人发明的一种利用地形、地貌或人为设置的加速与减速段落发展耐力的方法）、间歇跑。

2. 长时间重复做某一非周期性运动，可采用重复作跑酷中的某一不同难度的动作。如跨越不同距离的水沟、翻越不同高度的障碍物等。

（三）速　度

速度素质是指人体快速运动的能力。包括人体快速完成动作的能力和对外界信号刺激快速反应的能力，以及快速位移的能力。

速度素质包括反应速度、动作速度和移动速度。反应速度是指人体对各种信号刺激（声、光、触等）快速应答的能力。动作速度是指人体或人体的某一部分快速完成某一个动作的能力。动作速度是技术动作不可缺少的要素，尤其是在跑酷运动中，动作速度是很重要的一部分。

在跑酷运动中反应速度、动作速度和移动速度这三个速度是缺一不可的，奔跑时需要对不同的障碍物快速地做出反应，这些不同的信号刺激大脑然后快速做出应答，接着就需要通过动作速度和移动速度来完成一些难度动作了。

跑酷运动速度训练方法

1. **落地即起**：跑酷是十分强调距离感的项目。人在远处或高处跳跃落地时，再利用侧滚翻后马上站起来或接连继续做下一个动作。

2. TIC－TAC：锻炼时最常用到的，在跨越或躲避一些障碍物的普通手法。速度不能减低太多，在跑的过程中，当你前面出现坑，那就踏着坑附近的树或墙面，弹过去再继续向前跑。整个过程只能用脚，而手不能用！高手可以踏4、5次翻过去；当跑步方向与墙面平行，比如巷道里边，如果前面路被挡住，则借助墙面，在墙上跑几步，然后落地继续跳。

3. **盲跳**：这是个练习起来比较危险的动作。在熟练准确性跳跃之后，在一些情况下的跳跃过程中可以闭上眼睛。但是心中一定要能感觉到自己要降落的目的地；只要你跳跃之前已经扫描过目标位置，做到心中有数，然后在跳跃的过程中根本就不去理会目的地，这个就是盲跳。

4. **插入练习**：在奔跑的过程中利用单脚或双脚甚至身体任何一个部位先开始冲进一个进口处，如：天窗、窗口、车门等。

（四）柔　韧

柔韧素质是指人体关节在不同方向上的运动能力以及肌肉、韧带等软组织的伸展能力。柔韧素质通过关节运动的幅度，也就是按一定的运动轴产生转动的活动范围而表现出来。

柔韧素质分为一般柔韧素质和专门柔韧素质。一般柔韧素质是指机体中最主要的那些关节活动的幅度，如肩、膝、髋等关节活动的幅度，这对任何运动项目都是必要的。专门柔韧素质是指专项运动所需要的特殊柔韧性。专门的柔韧素质是掌握专项运动技术必不可少的重要条件。影响运动员柔韧素质的因素包括：关节类型和结构、关节周围的肌肉、运动员的不同年龄和性别、体温与肌肉温度、一天中不同的时间段、肌肉力量健康状况以及疲劳与情绪状态等因素。

跑酷运动对运动员的柔韧性要求很高，因为没有柔韧就没有动作的幅度，而动作幅度是能使动作达到和完成难度动作的基础。在训练中，柔韧训练是重点内容，柔韧素质好的运动员，在训练中可以更轻松自如地完成体现高柔韧性的动作，并且不容易受伤，从而高质量地完成训练内容；而且，好的柔韧素质在比赛中也是非常有利的条件。

柔韧是指跨过关节的肌肉、肌腱、韧带等软组织的伸展能力，即关节活动幅度的大小。柔韧素质在跑酷当中是非常重要的身体素质之一，在奔跑中要完成各种各样的动作，没有柔韧打下的基础是不可能完成动作的。

跑酷运动的柔韧训练方法

1. 发展肩部、腿部、臂部、脚部的柔韧性，可采用压、搬、劈、摆、踢、崩、绕环等练习。

2. 发展腰部柔韧性，可采用站立体前屈、俯卧背伸、转体、甩腰、环绕等练习。

（五）灵　敏

灵敏素质是指在各种突然变换的条件下，运动员能够迅速、准确、协调地改变身体运动的空间位置和运动方向，以适应变化着的外环境的能力。灵敏素质是一切运动的重要素质，是一种综合素质，它与人对空间定位和对时间的感觉能力有关，也与速度和力量的发展有关，同时与协调能力和反应能力等都有直接联系。因此，在板鞋健美操成套动作中，它也是重要的影响因素。比如，在过渡与连接动作中，灵敏素质就起着很大的作用，各关节灵活性高，动作协调性好的运动员在训练中训练水平也就高。

灵敏素质可分为一般灵敏素质和专门灵敏素质。一般灵敏素质是指完成各种复杂动作时所表现出来的适应变化着的外环境的能力。专门灵敏素质是指根据各专项所需要的，与专项技术有密切关系的，以及适应变化着的外环境的能力。

灵敏素质也是跑酷运动中必不可少的身体素质之一。在跑酷运动中随即所面临的障碍是无法预测的，人的身体要根据实际出现的情况或突然发生的情况做出快速的反应。所以对身体的灵敏性要求极高，如果灵敏性较差，那么在跑酷运动中将受到很大限制，很多危险情况或突发状况会导致运动损伤、运动终止等一些不利的情况发生，所以运动员要开展跑酷运动就需要积极地加强自身灵敏性训练。

跑酷运动的灵敏训练方法

1. **针对手或肘关节的反应速度**：手或肘关节弹跳后手抓动作锻炼手的反应速度。利用手或肘关节支撑跳之后马上再利用手继续快速地抓住下一个支撑点，也可以用一手跳一手抓或两手，从一个墙壁推弹后去抓另一个墙壁等。

2. **翻越障碍物训练**：如翻墙，这也是最基本的身体灵敏性锻炼。一段助跑之后，快到目标时吸气力量开始上提，利用助跑迅速一个脚顶着墙壁，然后手抓着墙。再上用另一只脚支撑墙，跨过去，双手再助力推动一下。一般分成正面双手按跳上去和背坐式转身上去。

3. **快速准确性跳跃练习**：可以快速准确地锻炼从一个目标跳到另一个目的地。从开始的近距离到最远的距离跳跃，是为了锻炼着地的准确性。

4. **降落练习**：高空弹跳之后，落地时只利用双腿来缓冲，而不能利用侧滚来继续下一个动作。

5. **前空翻及后空翻**：要求是在做完 360 度的前空翻及后空翻都要尽量回到原位。

6. **前翻及后翻**：可以用手来支撑。要求也是在做完 360 度的前翻及后翻都要尽量回到原位。

7. **侧空翻**：有 180 度、360 度和 540 度等，也有交叉翻或空中定型翻（就是空中翻到一半时，在空中突然慢下来再着地）。

8. **空翻或手翻过障碍**：一般先从侧翻开始，高度都是以腰部的高度先开始的，刚开始可以先用手撑一下或让朋友在旁边帮忙推一推。

9. **平衡感**：最常见的是用手倒立。最好的方法就是倒立后往反方向用手走到目的地。

10. **猫跳跃**：学猫的动作，从一面墙跳到另一面墙时学猫的降落方法。一般有两种方法，脚滑法和手抓法。

11. **猩猩跳跃**：常见的基本功。像猩猩一样，在奔跑的过程中用我们的双手按着障碍物然后双脚打开跨过去。

12. **精确度及平衡训练**：在一根管子上来回行走及学猫爬。①

（六）勇　气

跑酷运动需要有勇气的人进行练习，每个人都有恐惧心理，但事实往往是，越紧张，身子越放不开，越容易受伤。

五、跑酷运动基本动作介绍

（一）基本落地（landing）：先从低处开始练习，逐渐增加高度，要从低往高练，先前脚掌着地，后双手着地（防止颠倒），尽量减少落地声音。

（二）翻滚（roll）：跑酷最主要的动作，落地做翻滚时可以缓冲冲击力，降低危险。

（三）落地翻滚（rolling）：从高处跳下时，把冲击力转换成向前的冲力，且能到达接下个动作。

（四）鱼跃翻滚（swan dive）：一种跳跃翻滚的延伸，一般用身体翻越过障碍物（熟练者可以达到无声无息的效果）。熟练鱼跃翻滚对练习其他动作有很大的帮助。

（五）平衡（balance）：练习身体的协调性，在高处或者狭隘的栏杆、建筑物上，练习站，走，跑，跳。

（六）猫爬或猫式平衡（cat balance）：比走栏杆更保险的单线穿越法，姿势很重要，身体应该尽量与栏杆平行，控制平衡点再两手握住

---

① 郭立三：《跑酷运动的体能特点及训练方法》，《湖北体育科技》，2009 年 3 月，第 28 卷第 2 期，第 193－194 页。

栏杆。在跑酷中这个动作很少用到，不过遇到一些特殊环境就能起到重要作用了。

（七）单脚跳远（precision one foot take off）：助跑后，一脚支撑发力做跳跃或者攀爬，锻炼单脚发力。

（八）精准跳远（precision footed take off）：慢慢从大目标练到小目标，不可操之过急，不然很危险，同时是基本落地的升华式，要求脚部有良好的定力。延伸动作助跑精确（running precision）。

（九）侧手反抓栏杆（dismount）：一般是跳跃同时进行，在高处过栏杆准备下跳前的保险式。

（十）侧手反抓墙（turn vault）：与侧手反抓栏杆不同，栏杆可以用手握住，比较牢，这个只是用手抓一个面，用手掌面或者中间起老茧的地方在面上固定身体保持平衡。很难固定，只是瞬间的、过渡性的一个动作。

（十一）快速上墙（wall run）：助跑后单脚蹬墙（前脚掌与墙面45度，主要初学者在单脚蹬后，另一只脚不能再蹬）双手抓墙后引体向上。

（十二）蹬墙跳（tic tac）：跑墙的第一式，一只脚接触墙面蹬伸发力。

（十三）蹬墙定点（tic tac to precision）：蹬墙后精确到达预定目标。

（十四）夹墙（crane）：夹墙是对不高不低的物体一种快速攀爬方式，一步跨上另一条腿在下方起杠杆作用支撑身体保持平衡。

（十五）月亮步（moonstep）：助跑，单腿蹬墙向上，腾空中快速再蹬墙。在练习此动作之前，要求蹬墙能力较强。

（十六）猫扑（catleap）：攀越墙或物体的前式，把自己固定在障碍物下好接下一动作。

（十七）反猫扑（180% cat）：蹬墙转身180度再做猫扑，是一个复合动作。身体在抓墙时，双手引体向上，蹬墙转身。

（十八）助跑猫扑（running cat）：长距离单脚起跳猫扑，需注意的是要用前脚掌先与墙面保持距离以免腿、膝盖撞上墙面。

（十九）蹬墙猫扑（tic tac to cat）：蹬墙和猫扑的结合式。

（二十）猴跳（monkey vault）：跨过障碍时双腿缩好，双手撑障碍物而过。

（二十一）猩猩跳（kingkong vault）：在练习此动作之前先掌握猴跳。它与猴跳的区别是双腿分向45度，跨过的是面积较大的障碍。

（二十二）双重猩猩跳（double kong）：猩猩跳的升华版，腾空后腿应尽量放高。

（二十三）猩猩飞台（diving kong）：鱼跃腾空接猩猩跳的结合。

（二十四）猩猩精确跳（kong precision）：猩猩跳加精确定点的结合。

（二十五）猩猩跳接猫扑（kingkong cat）：这个动作有点空中换招的感觉，要求练习者空间感和身体协调性，身体协调性不好的空中变换不了动作，容易发生头部碰撞物体。

（二十六）双腿冲跳（dash vault）：这个动作分为两种，第一种是常见的腿部先过障碍，然后再由手在身后支撑身体；还有一种就是过障碍后双手前拨障碍，腿与地面成弓形由双手发出的力再落地远一点。

（二十七）猩猩跳接冲跳（kingkong dash）：猩猩跳后瞬间迅速收缩腹肌把下身放在前面，而后双手支撑住身体，双腿向前冲。

（二十八）懒人跳（lazy vault）：侧身过障碍物的技巧。左（右）手支撑在障碍物上，左（右）腿抬跳过障碍物。

（二十九）侧身跳（speed vault）：侧身跳的好处就是过栏杆后没有多余动作直接快速接着跑。

（三十）钻栏杆（underbar）：要求有很好的准确性，不管是头或者脚先过，如果做半途动作变形都会导致腰或者头撞到。

（三十一）单杆飞抓（lache）：手臂掌握，双腿摆动或单腿搬动，靠的是甩出去的力把身体带动。

（三十二）倒立和凌空倒立（hand stand）：锻炼手臂力量和腰部力量以及协调性。

（三十三）顺风旗（flag）：是握力、腕力、臂力、腰力、大腿肌肉的锻炼。

（三十四）手撑旋转（palmspin）：手撑在栏杆或面型物，双手与肩作轴，注意甩肩转动身体，目视原点，动作比较容易学。

（三十五）墙转（wall spin）：手撑旋转的生化版。练习此动作之前必须掌握手撑旋转，熟练后再到墙角练习。

（三十六）侧空翻（aerial）：练习此动作，须掌握远近手侧手翻，注意单腿出力与转速，高度。

（三十七）前空翻（sideflip）：同侧空翻，注意高度和转速。

（三十八）后空翻（backflip）：底处是以腰为轴心后翻，高处是以头为轴心后翻。

六、跑酷运动的理念

跑酷是人类根深蒂固的本能反应，这种本能就是运动，是一种需要真正勇士精神的运动。跑酷是训练人体快速移动能力的一种自然的方式，它将我们周围任何可以利用的环境设施“为我所用”，这种“移动的艺术”既不需要特别的设备，也不需要专门训练。它是一个人移动技巧的提炼，优美，富有控制力，具备运动的高效性，同时进行自我的展现。这些目标要能在任何环境中实现。它同样取决于体格的发展和提升，练得强、快、高效，简而言之就是要健康。这就意味着训练时必须坚定理念：尽可能地锻炼自己的体格，更加有效地避免受到伤害。权衡利弊，评估危机，利用有效的技巧更安全地通过障碍，所有练习者的目标都是能自由自在地移动。环境不是重点，重点是精湛地掌握自己身体与环境的关系。

第二节　赛车运动

一、赛车运动的起源与发展

“赛车”一词来自法文（GRAND PRIX），意思是汽车大奖赛。赛车比赛与汽车发展有同样悠久的历史。赛车运动起源距今已有超过100年的历史。最早的赛车比赛是在城市间的公路上进行的。许多车手因为公路比赛极大的危险性而丧生，于是专业比赛赛道应运而生。第一场赛车比赛于1887年4月20日在巴黎举行。1895年6月，由法国汽车俱乐部等联合举办了世界上最早的长距离汽油车公路赛，线路由巴黎到波尔多往返，全程1178公里。早期的赛事采取城镇到城镇的比赛形式，和现在的拉力赛一样。现在的汽车赛已完全成为一种职业活动，出现了空前繁荣的局面。在赛车场，那些五彩缤纷的赛车，随着一声令下，竞相出发，开足马力冲向前方。车手们你追我赶地争先表演，赛车如万马奔腾一泻千里而过的场面非常壮观，这对20万—30万的现场观众和数以亿计的电视观众来说是一场极有震撼力的视觉盛宴。

二、赛车运动的分类

（一）场地赛车

场地赛车：就是指赛车在规定的封闭场地中进行比赛。它又分为漂移赛、方程式赛、轿车赛、运动汽车赛、GT耐力赛、短道拉力赛、场地越野赛、直线竞速赛等。

（二）非场地赛车

非场地赛车：基本上比赛场地不是封闭的，主要分拉力赛、越野赛及登山赛、沙滩赛、泥地赛，等等。

三、方程式比赛

方程式（Formula），原意是惯例，常规；准则，方案。是指赛车必须依照国际汽车联合会制定颁发的车辆技术规则规定的程式制造，包括车体结构、长度和宽度、最低重量、发动机工作容积、汽缸数量、油箱容量、电子设备、轮胎的距离和大小等。以共同的方程式（规则限制）所造出来的赛车，就是方程式赛车，所进行的比赛即方程式汽车赛。方程式比赛是汽车场地赛的一种。赛车必须依照国际汽车联合会制定颁发的车辆技术规则规定的程式制造，包括车体结构、长度和宽度、最低重量、发动机工作容积、汽缸数量、油箱容量、电子设备、轮胎的距离和大小等。各级方程式赛车的制造程式不同，属于方程式汽车比赛的项目有：F1、F－3000、F－3、亚洲方程式、无限方程式、福特方程式、雷诺方程式、卡丁车方程式。

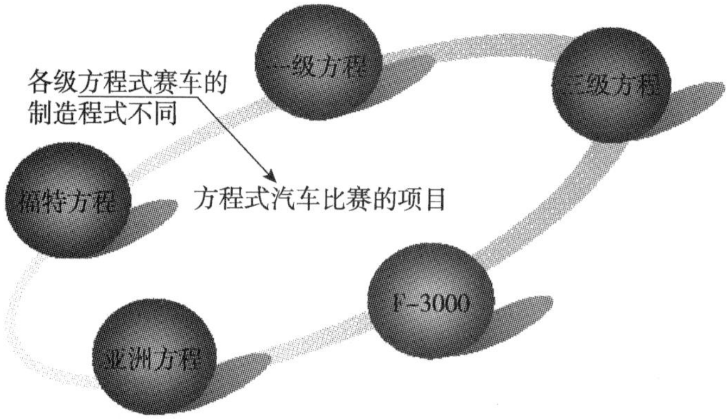

图1—2—1　方程式赛车示意图

（一）一级方程

简称F1，是方程式汽车赛中最高级别的比赛。现代世界一级方程式锦标赛于1950年由第二次世界大战后废弃机场改造而成的英国银石赛道上举行，当年赛季共有7场比赛，其中包含一场美国印第500大赛。第一场比赛冠军由意大利车手法里驾驶阿尔法·罗密欧赛车获得，而他也成为一级方程式锦标赛史上第一位世界冠军。2004年中国上海参加了由国际汽车联合会安排的比赛。

最初一级方程式的定义是“一种至少有四个不在一条线上的轮子的车辆，其中至少有两个轮子用于转向，至少有两个轮子用于驱动。”比赛赛车为四轮外露的单座位纯跑道赛车，由发动机、变速系统、底盘、空气动力装置和轮胎等构成。F1大赛每年都要选择地理条件不同的比赛场地进行比赛。主要是用于考验车手的素质和赛车技术水平。第一场一级方程式比赛在1950年举行，经过多年的发展，国际汽车联合会对赛车的规定进一步完善。自1995年开始，规定使用汽缸容量3.0升，V型10缸不加增压器的自然吸气汽油发动机，最高转速可达到19000转/分以上，最大输出功率超过622千瓦（900）马力。

目前F1比赛共有11支参赛车队，每支车队2位车手，22位车手必须持有由国际汽联签发的“超级驾驶执照”。比赛每年3月—10月在世界各国的著名赛道举行，2005年分19站比赛。比赛赛程分为3天，包含星期五的自由练习、星期六的排位赛、星期日下午两点开始的正赛。正赛路程规划以约300千米（只有蒙特卡罗赛道例外）2小时为限，以车手先完成比赛即结束。在正赛过程中，车手和车队根据轮胎的磨耗及油耗的状态进入维修站换胎、加油。比赛设车手冠军和车队冠军两项锦标。每场比赛取前八名车手，获得的积分依次为10、8、6、5、4、3、2、1。在每一赛季结束后，将车手在全年比赛中取得的成绩相加得出总积分，得分最高者为当年度世界冠军。车队世界冠军的计分方法与车手相同。锦标赛从1950年举办至2014年，已经产生了65位年度世界冠军，其中德国车手舒马赫以7次夺冠的纪录成为夺冠次数最多的车手。

比赛赛车为四轮外露的单座位纯跑道用方程式赛车，由发动机、变速系统、底盘、空气动力装置和轮胎等构成。赛车发动机程式依不同时期的比赛规则而变化，自1995年开始，规定使用气缸容量为3.0升、V型10缸不加增压器的自然吸气汽油发动机，最高转速可达19 000转/分以上，最大输出功率超过622千瓦（900马力）。最高速度可达320千米/时以上，平均速度是200—230千米/时，由静止加速到100千米/时仅需2.3秒，由0加速到200千米/时再减速到0，所需的时间只要7秒。变速器设有六至七个档位，并采用半自动变速系统，车手利用方向盘上的控制杆来操作换挡。赛车的车身呈流线型，在其前、后部设有扰流装置和定风翼，在运动中利用空气动力学原理产生的压力，增加轮胎的附着力，提高赛车转弯速度及高速行驶的稳定性。赛车底盘以航天飞机的构造科学为基本理论依据，使用碳纤维制造，轻而坚固，离地间隙最小仅有50—70毫米。刹车碟盘由碳纤维制成，超高性能的刹车系统能让赛车在2.5秒内由时速240千米刹车到停，所需距离只要80米。比赛轮胎采用特殊合成橡胶制造，分干地与湿地两类轮胎及硬胎和软胎，以便于在不同要求下使用。赛车最小质量不能低于600千克（包括车手及燃料）。

1—2—2 F1 赛车

（二）三级方程

三级方程是方程式汽车场地比赛项目之一。它是指三级方程式和三级方程式等级的赛事，是最高成本花费和高科技等级的单座位四轮赛车。比赛赛车等级仅次于F1和GP2。使用的赛车是四轮外露的单座位纯跑道用方程式赛车，外形与一级方程式赛车相类似，但体积较小，最低重量为455公斤，配备4汽缸、工作总容积为2公升的自然吸气式汽油发动机，输出功率约170马力。三级方程式赛车（简称F3）是高成本花费和高技术等级的单座位四轮赛车比赛，赛事等级仅次于一级方程式赛车和GP2。三级方程式赛车的赛事由国际汽车联盟（FIA）举办，三级方程式可以指三级方程式（F3）和三级方程式等级的赛事。许多一级方程式车手在进入一级方程式赛车前都曾参加三级方程式赛车，所以三级方程式赛车一向被视为培育一级方程式车手的摇篮，当中最著名的车手有埃尔顿·塞纳、迈克尔·舒马赫和米卡·哈基宁等。

三级方程式与一级方程式的跑车外形无异，基本上是同一类型讲求速度和专业的跑车。与一级方程式最大差别在于跑车的马力大小，F1 跑车可突破 900 匹马力，而 F3 则是 230 匹。按照国际汽车运动联合会（FIA）的规则，三级方程式赛车使用的为没有坑纹的赛车胎和扰流器。现时，达诺拉（Dallara）承办了差不多全部三级方程式车队的底盘生产业务，但莱立（Lola）和 SLC 都有少量的底盘出产。赛车的引擎则被限制在一个两升，四汽缸的四冲程自然吸气引擎。该引擎须来自一种量产而且合法在道路上行走的汽车，而且只能作有限度的改装。现时，在澳门格兰披治中参赛的车队大部分使用无限本田、丰田和威龙 Renault 的引擎，但欧洲的品牌如爱快罗密欧、大众和马瑟特斯（Mercedes）等的品牌在如欧洲三级方程式中是极为常见的。根据国际汽车运动联合会（FIA）的规定，方程式汽车赛一共有三个级别，按发动机排量和功率的不同来划分：三级方程式（F3）：排量 2 升，功率 170 马力；二级方程式（F2）：排量 3 升，功率 470 马力；一级方程式（F1）：排量 3.5 升，功率 650 马力，1992 年改为排量 3.5 升，功率 780 马力，1995 年又改为排量 3 升，功率 650—700 马力。

（三）福特方程

福特方程是汽车场地比赛项目之一，是一项入门级别的方程式赛车。

（四）亚洲方程

亚洲方程是汽车场地比赛项目之一，限在亚洲地区开展。使用的赛车是四轮外露的单座位纯跑道用方程式赛车，车身规格与三级方程式相似，配备 1 台福特 4 汽缸工作总容积为 2 公升的自然吸气式汽油发动机，输出功率约 160 马力。近年来出现了宝马亚洲方程式，是亚洲比较流行的方程式赛车。亚洲方程式国际公开赛（简称 AGF）是由国家体育总局和国际汽车运动联合会批准、中国汽车运动联合会主办的中国唯一最高级别的方程式赛事，该项赛事填补了中国国内方程式赛事的空白，在中国汽车运动史上具有划时代的意义。赛事全部采用具有“中国芯”（发动机和变速箱具有自主知识产权）的本土方程式赛车，计划每年在亚洲举办4—6站。

（五）F－3000（Formula 3000）

F－3000方程是汽车场地比赛项目之一，是3.0公升方程式汽车赛。该比赛设有国际大奖赛等比赛。使用的赛车是四轮外露的单座位纯跑道用方程式赛车，装备8汽缸、工作总容积为3公升的自然吸气式汽油发动机，输出功率约475马力。F3000赛车（Formula 3000）是国际汽车联盟（FLA）于1985年制定的一套四轮赛车比赛规格，用来取代二级方程式，它的难度要比一级方程式稍微低一点，但是比三级方程式高，所以F3000是给予有志参加F1的车手一个晋级阶梯，名称“F3000”的由来是因为初期使用的科斯沃斯DFV赛车引擎，其容积为3公升（3000cc）。首届F3000于1985年举办，至2005年停办，改由GP2系列赛取代。

（六）雷诺方程式（Formula Renault）

雷诺方程式2000是世界上著名及最普及的一种方程式赛车，该项赛事是由法国雷诺集团推广发展起来的，方程式赛车由意大利TATUUS公司制造，该类单座赛车的马力为200HP，最高时速可达到1小时260公里。雷诺2000方程式赛车给全世界热衷赛车运动的年轻人提供了一个驾驶技能和身体心理状态调整适应的学习及提高的环境，为他们走向该项运动的顶级赛事F1并成为未来之星做好了铺垫。

雷诺方程式赛事在全世界很多国家都有举行，意大利、法国、英国、德国、欧洲赛、美国、巴西、墨西哥及亚洲的一些国家都曾举办过。欧洲的比赛，以意大利、德国和英国更为著名。其中以意大利、英国及德国的赛事最具传统且职业化水平高，并以有多名年轻优秀的车手的参与而闻名，车队和车手都在这里寻找着履历、成功和名声。众所周知，意大利的雷诺方程式赛事是高水平的且富有挑战性，雷诺方程式2000比赛从2000年揭开战幕以来，在4次欧洲大师杯赛上

(EURO MASTER)，意大利的车队获得了3次冠军，其中2个车手成功地进入了F1赛场，他们是索伯车队的马萨和丰田车队的试车手布里斯可。作为未来一级方程车手的台阶，雷诺方程式比赛深受亚洲、欧洲各国车手的欢迎，其商业价值亦同时被亚洲、欧洲各国认同。

雷诺方程式挑战赛是目前欧洲最受欢迎的一项方程式赛事，且越来越受到重视。自从芬兰车手 Kimi Raikkonen（现为麦凯伦当家车手）和 Felipe Massa（现为法拉利主要车手）赢得了这项赛事的冠军，跳过F3与F3000、直接进入F1，雷诺方程式挑战赛也成了一个神话。

四、拉力赛

拉力是英文 Rally 的中文译音，又称“多日赛”，是汽车道路比赛项目之一，是参赛车辆按规定的平均速度、行驶路线、在规定的时间内到达分站点目标并完成车辆的检验维修的一项汽车道路比赛项目。比赛在规定的日期内划分若干阶段进行，每阶段内设置由行驶路段连接的数个测试速度的特殊赛段，走一段赛一段，交替进行，每个特殊路段的长度不超过30千米。比赛采用间隔发车的形式，参赛以车组为单位，每个车组由1名驾驶员和1名副驾驶员（领航员）组成，时间最少者为冠军。参加国内比赛的汽车要求是年产量在2500辆以上的小轿车，并且至少有两套改装：安全改装和技术改装。

汽车拉力赛的道路状况十分复杂，每一段特殊路段为一个赛程，例如一个赛程全是曲折蜿蜒的山路，另一个赛程则是阴暗森林中的泥路。拉力赛的路线都是一致的，但并不同时出发，而是一辆接着一辆，每一辆赛车在不同阶段都由裁判员记录下所需时间，总时间最短的便是胜利者。大型拉力赛的车队往往由几十名队员和多种运输工具组成，其中有负责传递信息的摩托车、装载备用部件的卡车、医疗用车，甚至有时还有直升机。赛车不同于街道上行驶的普通汽车，虽然外观一样。

根据国际汽联比赛规则，参赛车辆必须为年产量超过2 500辆的原型车，发动机最大功率不准超过221千瓦（300马力）。同时对于赛车改装后的尺寸、质量以及排量、功率等都有严格的标准。

比赛赛车主要分成 A 组和 N 组。

A 组赛车

又称改装组赛车，除保留赛车外形和原厂标志以外，几乎所有的部件都可以改装，如采用较大的制动器，加强悬挂系统及更换变速器等。

依据发动机排量不同，A 组又分为 A5 组（1 400 毫升以下）、A6 组（1 401 毫升—1 600 毫升）、A7 组（1 601 毫升—2 000 毫升）和 A8 组（2 001 毫升以上）四个级别。其中 A8 组只有厂商车队才能参与，每站的前八名能获得积分，分别是 10、8、6、5、4、3、2、1。

N 组赛车

又称原厂组赛车，它只允许进行安全改装和有限的性能改装，发动机内部必须维持民用车的标准，不允许改动。参赛者一般为业余选手或新手。

依据发动机排量不同，N 组又分为 N1 组（1 400 毫升以下，含 1 400毫升）、N2 组（1 401 毫升—1 600 毫升）、N3 组（1 601 毫升—2 000毫升）和 N4 组（2 001 毫升以上，含 2 001 毫升）4 个级别。

同时规则规定，每一站比赛中，每组最少要有 5 辆赛车参赛，如果参赛车辆不足 5 辆，则赛车将归入上一组别参赛。

S 组赛车

中国汽联特别制定了 S 组赛车的参赛办法，即国内选手可以使用国产轿车经过改装后参加比赛。

五、卡丁车赛（Karting）

汽车场地比赛项目的一种。卡丁车的英文名称 KARTING，定义是指“有车厢或无车厢的微型汽车，车轮独立持久地接触地面，后两轮驱动前两轮导向”。现在的卡丁车构造简捷而典型。发动机采用单缸二、四冲程汽油机，磁电点火，单腔化油器，重力或自吸式两种供油方式。安装初级竞赛发动机的赛车时速可达 100 千米；安装高级竞赛发动机的赛车时速可达 160 千米以上。转向系统不设转向机，而采用简单的连杆结构，转向比为 1∶1，方向盘与前轮的导向角度保持一致和底盘刚性连接，没有减振系统。分方程式卡丁车、国际 A、B、C、E 级和普及级六类，共 12 个级别。使用轻钢管结构，操纵简单，无车体外壳，装配 100CC、125CC 或 250CC 汽油发动机的 4 轮单座位微型赛车，重心低，在曲折的环形路线上行驶，比赛速度感强。卡丁车是世界方程式赛车的最初级的形式，始于 1940 年。由于许多著名的一级方程式赛手都是从卡丁车起步的，因此卡丁车被视为“F1”的摇篮。

图 1—2—3 卡丁赛车（图片由北京新港卡丁车俱乐部提供）

安全性方面，由于卡丁车底盘距地面仅 4 厘米左右，重心非常低，易于操控，不容易造成翻车，一旦滑出跑道，卡丁车会自动熄火停止前进，保障车手的安全。卡丁车是诸多赛车种类中的微型赛车，外形小巧，结构简单，是赛车运动中最低的起步运动，是进入 F1 方程式赛车的“摇篮”。在欧洲也称“迷你方程式”。

早期，卡丁是一些父母设计出来供子女在后花园或大型停车场玩耍的玩具，最初是用剪草机改装而成，设备及发动机均非常简单。渐渐地卡丁车在性能及场地安全方面不断地改良及转型，再加上可供标准比赛用的场地纷纷落成，基于其入门技术及费用要求不是很高，所以迅速发展为一项众人喜爱的运动项目，世界各地大大小小国际性赛事便应运而生。其中最具代表性的赛事是全欧洲卡丁车锦标赛和日本世界杯锦标赛。安全性方面，由于卡丁车的重心非常低，易于操控，所以，卡丁车可算是赛车运动中最安全的一种车型。现代意义的卡丁车运动起源于20世纪50年代的美国，1951年美国人阿特·英吉斯(Artingels)发明了第一辆卡丁车。他是一个汽车摩托车迷，自己用钢管焊制车架，配上摩托车发动机，再安装上四个小飞机的轮胎，组装成了世界上第一辆卡丁车。成立于1940年的国际汽车联合会，在1962年成立了世界卡丁车联合会。中国汽车运动联合会“FASC”于1995年加入国际汽车联合会世界卡丁车联合会，完成了中国卡丁车运动与国际的接轨工作。为了推广、普及卡丁车运动，加强青少年的素质教育和培养我国赛车运动的后备人才，1998年全国少工委和国家体育总局联合成立了“全国青少年卡丁车运动委员会”，作为在中国广大青少年中组织开展卡丁车运动的专门机构。1999年，全国青少年卡丁车运动委员会与中国汽车运动联合会联合举行“99全国少年卡丁车锦标赛”，该锦标赛是在中国首次举办。

图1—2—4　卡丁赛车（图片由北京新港卡丁车俱乐部提供）

第三节　小轮车运动

一、小轮车运动简介

小轮车极限运动最主要的内容就是：滑板、直排轮、极限单车，也就是俗称的B3，这三项目是极限运动锦标赛的主要比赛项目。B3这三项极限运动相互之间都有其相似的地方，而动作的主体部分为：空中动作、边缘平衡动作。例如：弧形的板面腾越、跳跃、转体、空翻、手翻等；而平衡动作有：鞋身卡位（直排轮鞋）、铁竿、墙面边缘的滑动平衡、点平衡等，都是以脚下的轮鞋、滑板或脚踏车，以器材本身的边缘如鞋缘、轮鞋底座中央、鞋身、板身、板头板尾、轮架、踏板、炮管、轮子本身，都作为滑动平衡的支撑工具。小轮车，英语为BMX，它与我们日常看到的自行车没有太大差异，在材料上有所不同、性能不同。它比日常自行车拥有更加特性的特型材质，所以它更结实、更轻巧，更加抗震和耐摔。BMX一般是20英寸（一般的自行车是28、26和24），它的比例更加切合人体比例，更能满足花样玩法时对轻、巧的要求。此外它的车胎粗而耐磨，刹车性能更高（突停、缓停、耐用），其独特的车把旋转设计，可以360度旋转。

图1—3—1　小轮车（图片由北京旋风极限文化传媒有限公司提供）

二、小轮车运动的起源与发展

小轮车（英文：BMX），全称是 BICYCLE MOTOCROSS（自行车越野）。小轮车这项极限运动，兴起于 20 世纪 60 年代的加利福尼亚。小轮车（BMX），雏形是在 20 世纪 70 年代中后期在美国兴起的一种自行车越野运动。由于它的车型比较小，轮胎比较粗，且比赛的赛道也和越野摩托车所用的赛道十分相似，所以有了后来的这个名字。70 年代初，美国建立了最早的 BMX 组织，这标志着 BMX 成为正式体育竞赛运动项目。在其后的十年间，小轮车运动又传入了其他一些国家，但美国仍然是这项运动的强国。推动这项运动主要是在 1981 年 4 月国际 BMX 联盟正式成立之后，欧洲大国开始有专业化的训练以及小轮车俱乐部。1982 年举行了第一届世界小轮车（BMX）锦标赛，此后小轮车（BMX）这一新兴的运动项目在全球范围内迅速发展起来。由于这项运动与自行车运动相似，1993 年小轮车（BMX）正式成为自行车运动大家庭的一员。2008 年北京奥运会小轮车成为奥运会正式比赛项目。国际自行车联盟小轮车世界锦标赛是自行车项目中参赛组别、人数最多的高水平比赛，从车型上分为标准型（20 英寸常规直径轮）和重量级（车轮的直径不小于 22. 5 英寸、不大于 26 英寸）两种比赛形式；从参赛选手水平上又分为挑战赛和精英赛两种级别。

目前我国尚处于小轮车（BMX）的发展阶段，国内缺少 BMX 的专业车手，但是现在已经有越来越多的 BMX 爱好者加入到这项运动当中，尤其在北京、上海、杭州、成都、西安、太原各地都有从事 BMX 车手的身影。2008 国际联盟 BMX 小轮车世锦赛在我国太原市的举办，很大程度上推动了我国小轮车 BMX 的发展。2008 年小轮车泥地竞速被纳入奥运会项目后，国内各个省队也先后开展专业化的训练，比赛等工作开始逐渐落实实施，如今我国在亚洲小轮车比赛中也取得了优异成绩。

三、小轮车运动的分类

（一）竞速小轮车（racingbmx）

是以速度为唯一衡量标准进行的小轮车比赛。在比赛过程中没有花式的表演，也没有炫目的腾空、旋转，一切只为超越。

（二）自由式小轮车（freestylebmx）

竞速小轮车与自由式小轮车主要区别在于车头装 headset 的位置。自由式小轮车它有一个特殊的零件——gyro，它能使车头 360 度转动而竞速小轮车却不能。火箭筒也是竞速小轮车所没有的。自由式小轮车（FREESTYLE）具体分为五种：

1. 第一种：泥地竞速（Racing）

泥地竞速是最原始的比赛项目，这个项目突出的特点是：速度，腾空，还有泥泞！这就是泥地赛车的特征，但是它更加具有吸引力，花样多，形式多，视觉效果更好。

图 1—3—2 泥地竞速（图片由北京旋风环球极限文化传媒有限公司提供）

2. 第二种：泥地跳跃（DIRTJUMP）

泥地跳跃是一项利用泥土做成的坡度进行的跳跃花式比赛项目，这个项目最大的特点是：飞越、旋转。这种飞越与我们看到的滑雪有些类似，虽然没有滑雪的飞跃时间长，但是从视觉角度描述，更加刺激、旋转速度更加快。

图 1—3—3　泥地跳跃（图片由北京旋风环球极限文化传媒有限公司提供）

3. 第三种：街道小轮车（STREET）

街道小轮车是一项利用模仿街道障碍的道具场地进行的比赛项目。这个项目最大的特点就是：难度、花式、技巧。街头小轮车的特点在于自由、创新、随意、即兴和平衡。在我们日常生活中我们可以在花园、街头看到年轻人练习各种小轮车花式表演，他们发挥自我想象力练习自己喜欢的动作，给人一种青春、激情、活力、积极向上的感觉。

图 1—3—4　街头小轮车（图片由北京旋风环球极限文化传媒有限公司提供）

4. 第四种：半管道式小轮车（HALFPIPE）

半管道式小轮车顾名思义就是在半管道场地里进行跳跃花式的小轮车比赛。这个项目最大的特点就是：腾空、旋转、跳跃、平衡，考验车手的综合能力！在一个 U 型的场地内，车手在其中不时飞起，下落，旋转，跳越，利用惯性做出各种翻转动作，让人目不暇接。

图 1—3—5　半管道式小轮车
（图片由北京旋风环球极限文化传媒有限公司提供）

5. 第五种：平地花式（FATLAND）

平地花式就是在指定的平地里利用 BMX 车做各种平衡、滑行等动作进行比赛的项目。平地花式是这些比赛中最基础的，也是最重要的。它的动作有上百种，其中最基本的是车上静平衡，如后轮点地跳、前

图 1—3—6　平地花式（图片由北京旋风环球极限文化传媒有限公司提供）

轮点地跳、擦轮、定车、飘、过桥等。初学者在提高静平衡能力之后才能学习更高一级的难度平衡，即在自行车运动中做动作。这个项目最大的特点是：平衡，花式。就是一个轮子着地，控制平衡后，作各种旋转花式。

四、小轮车运动理念

小轮车（BMX）所传达的文化理念就是：自由、创新、个性、敢于面对困难、敢于挑战自我，这是年轻人对人生的积极向上态度的写照！这种精神源于对生活的追求和热爱，它孕育了BMX文化。这种街头文化，或是朋克，摇滚，自我，都能和BMX有机结合，这种文化直接影响到他们的着装、喜好、宗教信仰等生活的各个方面以及玩车的风格。在这里没有人过多看重技术较量，更不是作秀。如果只在乎技术提升的话，那就是一个没有灵魂的车手，大家更多关注的是你对它的态度，对生活的态度。就是这股文化让BMX添加了亮丽的颜色，使BMX这项运动走得更加长远。

第四节 蹦极运动

一、蹦极运动的起源与发展

（一）起 源

蹦极运动，其英语名称Bungee Jumping，是指跳跃者站在高度数十米以上的平台、桥梁或大型建筑物上，把天然橡胶或人工合成橡胶制成的弹性绳索一端固定，另一端绑在运动者的踝关节、背部或者腰部，然后运动者由高处跃下，享受几秒钟的自由落体运动。

蹦极起源于欧洲北部的一个小岛，相传是公元500年前后，西太平洋瓦努阿图BUNLAP部落。那是一个非常有趣的传说。传说一位土族妇女为逃避丈夫的虐待，爬上了高高的可可树，用一种当地具有弹性的蔓藤牢牢绑住脚踝，她威胁其丈夫要从树上跳下来，随后爬上来的愚蠢丈夫也说要跟着跳下去。于是，柔嫩的蔓藤救了女人的命，而暴虐的丈夫则命归黄泉。该部落为了纪念这位勇敢的妇女，将绑藤从高处跳下发展为一种风俗习惯。他们依山建起一座由树桩和蔓藤捆扎而成的20—30米的高塔，年轻的男子从上面俯冲而下，象征他们的成熟，从而成为他们成年礼的仪式，并向他们信奉的图腾祈愿部落的平安和丰收。这种形式后来传到英国，被作为皇宫贵族的一种表演，表演者须穿燕尾服，头戴礼帽。首次使用橡皮绳蹦极，是在美国。1954年，有两位地理学家来到蓬特科斯特岛进行科学考察，意外地发现了岛上居民的这个奇特风俗。他们在科学考察报告中对“俯冲跳”作了这样的描述：题为《南太平洋上不可思议的跳跃》，“在蓬特科斯特岛上，当地人在感恩节爬到山间的塔顶上，身上系一根绳子，头朝下地跳下来。”从此，蹦极运动被传播开来。

（二）蹦极的发展

1970年，地理学家们再次到蓬特科斯特岛这个小岛，摄影家兼作家卡尔·穆勒成为第一个尝试这种令人心颤活动的外来人，他形容自己从25米高处跃下时，奇怪地感觉自己似乎停止了思维，极度兴奋后，身体稍有些不适应。1979年4月1日，英国牛津大学冒险俱乐部成员从当地245英尺高的克里夫顿桥上利用一根弹性绳索飞身跳下，拉开了现代蹦极运动的帷幕。但蹦极跳的真正发扬光大是在新西兰。早在1988年，A. J贺克特和克里斯·奥拉姆在新西兰成立了第一家商业性蹦极组织反弹跳跃协会。贺克特更是从埃菲尔铁塔上跳下，因而更加引起了世人对蹦极跳的兴趣。同年，约翰·考夫曼和他的弟弟在美国加利福尼亚州也成立了一个商业性的蹦极机构。约翰本人就是被电视上的蹦极表演吸引到这个行业中来的，在不到三年的时间里，他们就吸引了1.6万人，每人花费99美元来参加蹦极跳，并把蹦极发展到大桥式蹦极、飞机式蹦极等多种形式。1990年，又开创了热气球蹦极跳。从此大力推广这一运动。到目前为止，世界上有很多国家都已建立了蹦极跳运动基地，例如新加坡、日本、加拿大、澳大利亚以及一些欧洲国家。1997 年 5 月 1 日，蹦极跳首次传入中国。北京是我国蹦极运动发展得最早、最快的城市，澳门电视塔是我国蹦极最高的地方，也是世界第二高度，此外我国上海、深圳、广州、重庆、西安等省市也逐步发展了蹦极这项运动。蹦极这项运动总体上在我国发展比较缓慢，主要是对蹦极运动的主观认识不够。大众参与性小，危险度较高，对人体生理和心理要求高。

图 1—4—1　北京十渡蹦极（图片由北京拒马娱乐有限公司提供）

二、蹦极运动的定义

蹦极源于英文“bungy”或者“bungee”，蹦极就是跳跃者站在约40米以上（相当于10层楼高）高度的桥梁、塔顶、高楼、吊车甚至热气球上，把一端固定的一根长长的橡皮条绑在踝关节处然后两臂伸开，双腿并拢，头朝下跳下去。绑在跳跃者踝部的橡皮条很长，足以使跳跃者在空中享受几秒钟的“自由落体”。当人体落到离地面一定距

图1—4—2　北京十渡蹦极（图片由北京拒马娱乐有限公司提供）

离时，橡皮绳被拉开、绷紧，阻止人体继续下落，当到达最低点时，橡皮绳再次弹起，人被拉起，随后又落下，这样反复多次直到橡皮绳的弹性消失为止，这就是蹦极的全过程。

三、蹦极运动的分类

蹦极按照绳系身体的不同部位可分为两种：

1. **硬式蹦极**：是指将弹索系在脚踝处，跳下时头朝下，危险系数高，要有一定经验的人或有胆识的人才可以尝试。

2. **软式蹦极**：是将弹索系在腰间，而且有海绵包裹在弹索外以保护人员，安全性高。

四、蹦极的方式

（一）绑腰后跃式：这种方法为绑腰站于跳台上采用后跃的方式跳下，这是蹦极跳初学者的第一个规定基本动作，弹跳时仿佛掉入无底深渊，练习者好像整个心脏都要跳出来，害怕、刺激、紧张，心情激动，跳下后约 3 秒钟时突然往上反弹，反弹持续 4—5 次，人安全悬挂于半空中，整个过程约 5 秒钟。

（二）绑腰前扑式：这种方法为练习者绑腰站于跳台上，面向前方，前扑的方式跃下。这也是蹦极初学者的第一个基本动作做的另一种尝试方法。这种跳法近似于绑腰后跃式，但弹跳者为面朝下，视觉上更刺激，也更能挑战蹦极者的心理承受能力。

（三）绑脚高空跳水式：这种蹦极的方法是将装备绑于脚踝上，蹦极者站在跳台上面朝下，像跳水选手一样，蹦极者倒数 5，4，3，2，1 后即展开双臂，向下俯冲。一般喜欢游泳的人都会选择这种跳法。

（四）双人蹦极：这种蹦极的方法，是适合初学者和专业人，或是恋人、朋友、亲子之间常常选择的一种蹦极的方式。两人在空中反弹时，弹跳绳将两人紧紧扣在一起，要求其中一方必须要有弹跳经验才能进行此项惊险的双人跳蹦极。

五、蹦极运动的注意事项

（1）蹦极对身体素质要求较高。凡是有心、脑病史、高血压和冠心病的人不能参加。

（2）深度近视者要慎重。因为硬式蹦极跳下时头朝下，人身体以9.8米/秒的加速度下坠，很容易脑部充血而造成视网膜脱落。

（3）跳之前应做好准备活动，充分活动身体各部位以防扭伤或拉伤。

（4）着装要尽量简练，合身，不要穿易飞散或兜风的衣物，否则曝光。

（5）跳出后要注意控制身体，不要让脖子或胳膊被弹索缠绕到，避免受伤。

蹦　极　之　最

- 世界最高的蹦极点位于南非东开普省齐齐卡马山中一座名为布劳克朗斯的大桥上，高度为216米，1997年12月开始正式接待游人，至今共计100人次，最小的只有9岁，最长者则是84岁的老人
- 第二高的蹦极点在瑞士的一个风景点的缆车上，高度为160米

六、蹦极运动的装备

蹦极需要采用专业弹跳装备，并在专业人员的指导下进行。每套装备均备有两组安全保险装置，以防其中任何一套装备在任何不可抗力因素下，无法发挥其作用时，其中另一套装备仍能百分之百安全地完成弹跳。

（一）弹跳绳：目前弹跳绳已经具备了安全的后备系统，安全系数可达十倍以上。

（二）扣环：扣环的作用在于联结弹跳绳与弹跳者之重要环节，为纯钢制品，每一钢扣环皆为弹跳专用装备，约 4772 公斤之重量。

七、蹦极运动理念

蹦极是一项勇敢者的游戏，是人类从传统礼仪发展起来的一项极限运动。它是一项能够充分体现人类挑战极限、挑战自我体育项目。当蹦极者从高空坠落时，你看到的是释放自己、解脱自我、挑战生活，是对人生的重新感悟。有一位 19 岁的女孩，告诉我她为何喜欢蹦极运动。她说："每当我面对生活中的困难与压力时，我会选择蹦极运动，无论我是蹦极者，还是观众，都能让我重新振作起来面对和挑战困难，这就是蹦极带给我的"。蹦极就是这样影响着我们的生活。

第五节 冲浪运动

一、冲浪运动简介

冲浪是以海浪为动力的极限运动，冲浪者在海里有适宜海浪的地方俯卧或坐在冲浪板上等待，当合适的海浪逐渐靠近的时候，冲浪者调整板头方向，俯卧在冲浪板上顺着海浪的方向划水，给冲浪板足够的速度使冲浪板保持在海浪的前面，当海浪推动冲浪板滑动时，冲浪者站起身体，两腿前后自然站立，两膝微屈，利用身体重心、肩膀和后腿控制冲浪板的走向。冲浪可以让人们忘却烦恼，体验一次次与海浪搏击、驰骋在海浪上的快感。这就是为什么在世界上每天都会有许多人四处寻找着一处最完美的冲浪胜地，仅为完成一次与海浪的完美追逐。国人不出国门冲浪的最好去处分别是广东深圳冲浪学校、海南万宁日月湾、三亚冲浪学校。

二、冲浪运动的起源与发展

冲浪（surfing）是波利尼西亚人的一项古老文化。没有人知道古波利尼西亚人（Polynesian）何时开始从事这种冲浪活动，但是15世纪时的夏威夷诗歌就已有冲浪的记载。而夏威夷冲浪文化最远可追溯到公元500年至800年间，居住在马贵新群岛（Marquesas Is.）的马贵斯土著就仰赖星座方位，航行至两千里外的夏威夷，并在大岛（Big Island）上的南点（South Point）附近登陆，并且定居下来。13世纪左右，波利尼西亚的社会群岛（Socity Is.）或大溪地岛（Tahiti），土著们驾着双体独木舟，航行到千里外的夏威夷群岛（Hawaii Is.），并且征服了早期定居的马贵斯人。他们的酋长是部落冲浪中技术最好的驾浪者，并拥有使用最好的树木所制造最好的冲浪板。统治阶级拥有最好的海滩和板子；一般阶级的民众不准进入他们的沙滩，但民众可以经由优良的冲浪技术而晋升得到这些特权。

欧洲人最早目击冲浪是1767年由Dolphin的船员在大溪地所记录。之后James King中尉于1779年库克船长（James Cook）死亡时在库克船长的日志中亦发现记载了冲浪的艺术。冲浪运动是波利尼西亚人离不开的生活方式，就像今日西方世界的运动一样，它影响了波利尼西亚的社会、宗教和神话。波利尼西亚酋长们以展现他们在浪上的特技来作为其威信的象征。在库克船长发现这种冲浪游戏几十年之后，在获得1912年奥运会游泳冠军的美国夏威夷人哈哈摩库的大力提倡下，冲浪运动才在美国的加利福尼亚推广开来，现在流行于夏威夷、北美、秘鲁、澳大利亚和南非，并且已经具有了世界级别的冲浪锦标赛。冲浪是运动员站立在冲浪板上，利用腹板、跪板、充气的橡皮垫、划艇、皮艇等驾驭海浪的一项水上运动。不论采用哪种器材，运动员都要有很高的技巧和平衡能力，同时要善于在风浪中长距离游泳。冲浪运动以浪为动力，要在有风浪的海滨进行。海浪的高度要在1米左右，最低不少于30厘米。夏威夷群岛常年有适合于冲浪运动的海浪，特别是冬天或春天都有从北太平洋涌来的海浪，浪高达4米，可以使运动员滑行 800 米以上。因此夏威夷群岛一直是世界冲浪运动中心。

图 1—5—1 冲浪，人物为巴西女子长板冠军 Chole Camon
(图片由海南万宁日月湾冲浪俱乐部提供)

公元 1915 年冲浪运动首行到南美洲大陆。公元 1959 年，发明玻璃铁维制冲浪板，取代木材制的冲浪板。公元 1908 年，由一批白人运动家在威基海滩组建“浮架独木舟俱乐部”（Outrigger Canoe Club），并大力倡导保存浮架独木舟和冲浪运动。另一个俱乐部是“冲浪俱乐部”（HuiNalu）于1911年正式成立，这是夏威夷冲浪运动在现代正式组织的肇始。1912年奥林匹克运动会于瑞典首都斯德哥尔摩（Stockholm）举行，杜克·卡哈那摩古（Duke Kahanamo ku）18岁的夏威夷青年，代表美国参赛并刷新一百公尺游泳项目世界纪录。之后，他以夏威夷民间大使身份访问世界各国，并对冲浪运动大力推广，直到1967年他去世前，冲浪运动爱好者，莫不认他为夏威夷冲浪运动的非正式创始人，他的名字也早已响亮于冲浪玩家的聚会中，并永远深植在冲浪爱好者的心中。1962年，第一届世界冲浪锦标赛于澳大利亚的曼利（Manly）举行，就此之后冲浪运动普及于世界各地，直到今日。

图1—5—2　冲浪，人物为中国长板冠军铁桩
（图片由海南万宁日月湾冲浪俱乐部提供）

2010 年，在中国国家体育总局、海南省政府和万宁市政府的共同发掘和打造下，首届中国海南万宁国际冲浪节应时而生，成为冲浪产业的起点。

三、冲浪运动的特点

（一）娱乐性

冲浪者一般可以使用狭长的马力布板，或较短的腹板，甚至在不用板的情况下将两臂高举过头全身挺直进行冲浪。由于要冲浪必须携带冲浪板先逆浪前进，到达浪峰较陡处，在一个浪头接近时，伏在冲浪板上用力蹬水，迅速朝岸边的方向游。因而这种特殊的运动方式不仅充满了狂喜，而且身体还能感受到激动之余的极限运动。所以，当人们来到海滨，看到冲浪者在浩瀚的大海中随着波涛起伏的身影，便会由衷地感到，冲浪不愧是集力与美、保健与瘦身于一身的绝好方式。

（二）自由性

冲浪运动就婉如在空中飞翔的鸟儿，在大海上驰骋和飞翔，自由飘荡，在掌握一定技术技巧的基础上，可以根据自身特点选择炫酷的动作，驾驭海浪。这份自由与刺激，是在陆地上无法感受的。

（三）挑战性

冲浪运动是运动员先俯卧或跪在冲浪板上，用手划到有适宜海浪的地方作起点。当海浪推动冲浪板滑动时，运动员使冲浪板保持在浪峰的前面站起身体，两腿前后自然开立（通常是平衡腿在前，控制腿在后），两膝微屈，随波逐浪，快速滑行，极具挑战性。

四、冲浪运动的健身功能

（一）激发运动乐趣

冲浪运动是夏季首选的极限运动项目，练习冲浪运动可以体验水上运动的乐趣。驾驭海浪，在海上滑翔，是这项运动带给我们的无限乐趣。

图 1—5—3　冲浪，人物为深圳桨板冲浪选手 Daniel
（图片由海南万宁日月湾冲浪俱乐部提供）

（二）锻炼身体平衡性

冲浪运动是运动员站立在冲浪板上，或利用腹板、跪板、充气的橡皮垫、划艇、皮艇等驾驭海浪的一项水上运动。不论采用哪种器材，运动员都要有很高的技巧和平衡能力，同时要善于在风浪中长距离游泳。冲浪本身是一种潇洒优美的水上运动。冲浪爱好者可以立于冲浪板上或直接踏水，靠奔向岸边的海浪托起而浮于水面。由于夏日的来临，很多肥胖者难耐高温而纷纷跳进海中，借冲浪来减少腰部、腿部和胳膊的脂肪。其中美国的夏威夷海常常成为人们冲浪的首选。

（三）挑战自我，增强自信

冲浪运动是一项具有挑战性的极限运动，只有有勇气的人才能真正驾驭这项运动。首先我们必须认真学习冲浪运动的每个基本技术技巧，在尝试无数次失败后我们才能开始真正意义上的冲浪。每一次成功的体验，都会给我们带来一份自信，让我们更加勇敢地挑战自我，展现自我。

第二章　户外运动

户外运动从字面意思上讲就是户外环境中开展的体育运动。英文翻译为“Outdoor”。从广义上讲是指利用江河、湖海、山川及其他各种自然环境所进行的各种活动的总称。从教育的视角来看，最为广泛接受的一种户外教育概念是：在户外进行、专注户外知识、为发展户外技能而进行的教育。户外运动中包含的内容、技术、技能都源自人类发展的历史，源自人类劳动生活、生产实践、科学探险等，作为体育运动，它的目的不再是物质生产，而是促进人自身的身体、心智等方面的发展，促进人与自然的融合，丰富生活，提升生活质量，随着社会发展它不断被注入科学文化内涵。

本书所指的户外运动项目，更侧重于它的时尚性、娱乐性、教育性、探索性、挑战性，是以自然环境或模拟自然环境为主要的活动场所，而进行的一系列户外体验式学习，它包括野外穿越、拓展训练、攀岩等，侧重于对学生户外探索、户外生存、团队合作、安全等方面的教育。

户外教育已经是欧美学校教育的重要组成部分，与当地地理、历史及地域文化有机结合，内容丰富，形式多样，有着生命教育、生存教育、环境教育等多方位的教育意义。将户外运动引入少数民族大学健康教育，不仅可以弥补我国高校户外教育的欠缺，帮助完成人格，全面提高综合素质，对促进学生成长具有不可代替的作用。在户外运动中学习首先学到的是户外运动项目的基本知识、技能、技术等主要内容，可以培养学生参与户外运动以及相关竞赛所具有的身体素质、心理品质和适应能力。其次可以让学生学以致用，利用自己学到的生理、地理、历史，医学知识，提高学生生存能力，团队合作能力，克服困难能力，解决问题能力，从体力到智力全面推动学生健康发展！

第一节　野外穿越

一、野外穿越的定义

野外穿越是探险旅游的一种形式。野外穿越是指自带装备与给养，在基本没有外援的情况下，徒步或借助交通工具进行的陆上穿越活动。

二、野外穿越的特点

（一）负重前行

穿越与登山不同，登山都有相对固定的营地，可以贮存给养，提供支援；而穿越由于不走回头路，通常不设中转营地，所有吃、穿、住、行所需，皆一囊以括、肩负而行。

（二）一般穿越路况危险

穿越一般比较危险，发生意外情况，也要靠自己或同伴互助来解决。比起普通的旅行，野外穿越更是要艰苦得多。穿越集登山、攀岩、漂流、溯溪、定向野越、野外生存等于一身，难度较高。

（三）要求一定体能与心理素质

穿越路程长，要求穿越者具有良好的体能；路况危险，遇到问题还要有良好的心理素质，如坚忍顽强、胆大心细、处变不惊，还要注重团队精神，乐于助人。

（四）掌握一定生存技能

穿越者还必须掌握相关的知识和技能，比如地图的使用、野外生活、攀登、各种装备的使用等。

三、野外穿越的分类

按照穿越地域特点划分，有山地丛林穿越、沙漠荒原穿越、雪原冰川穿越；按照进行方式划分，有徒步、骑自行车、驾驶机动车穿越等。这里重点介绍徒步穿越。

徒步穿越，是户外运动的一种，是一切穿越活动的基础。是指在一定区域内主要依靠徒步行走，完成由起点到终点的穿越里程，在其间可能会跨越山岭、丛林、沙漠、雪原、峡谷、溪流等不同地貌的一种户外活动。是一切穿越活动的基础，一般穿越都会选在地形复杂多样、人迹罕至的地方。不走回头路，路途中间没有中转营地，所有吃穿住行，都必须自己解决，没有现成的路可走，没有明确的路标指示方向，只有依靠地形图、指南针、海拔表，再加上自己的经验来判断方位。对穿越者要求较高，一般要求具备良好的体能、稳定的心理素质和团队合作精神，还有一定的野外生存的综合技能，所以难度较高，专业性强。徒步穿越具有求知性、探索性、不可预见性等特点，穿越者必须掌握相关的野外生存知识与技能，以适应万变的野外情况。

徒步穿越主要是考察穿越者在穿越中人基本的生存能力。在穿越中你可以在清丽脱俗或古老沧桑的地方留下自己的足迹，在沉郁安静或灵动跳跃中观察和学习到各种有益的知识，这也是一种满足。而徒步穿越活动离不开路，路况的好坏直接关系到最终是否能够成功穿越，路面条件太差有时会使人们受到伤害，如能很好地掌握行走不同路面的技巧，合理分配体能，在路上就会更轻松、更愉快。行走着，安全着，快乐着，才是我们的户外理念。所以我们应熟悉各种路况，以便安全通过。

图 2—1—1 野外穿越（由西游迹户外旅行网提供）

图 2—1—2 徒步穿越图（由西游迹户外旅行网提供）

（一）青石板路

1. **路面特点**：青石板路主要是清末、民国时期修建的。主要就是古香路，是由大小不等的青石板人工铺设而成。由于年代久远，走的人比较多，这种青石板路的路面已经变得非常光滑。一旦遇到雨雪天气容易发生事故，轻则跌跤、崴脚，重则骨折重伤。

2. **行走经验**：雨后，上山时除了穿防滑的鞋以外，心情还要放松。行走时重心不要太靠前，重心方向要和地面的石板垂直，尽量使用登山杖。背大包时包的重心应该是中部偏下，手尽量扶着岩壁或树木。下山时一定要用登山杖，重心略微前倾。脚的落点尽量踩在石板之间的缝隙，或者路旁的草木上。两个人之间一点要拉开距离，避免一个人跌倒后铲倒好几个。雪后，最好用四齿的冰爪，如果不用冰爪，脚一定要落在路旁树根或草木上，登山杖是必备的。

（二）跳　石

1. **路面特点**：所谓的跳石就是没有明显的路，所谓的“路”主要由山谷沟壑经长期雨水冲刷和山洪暴发形成。在这种路面上行走，需要在石头上跳来跳去前进，细纱、小溪、巨石参差不齐，四面危机。

2. **行走经验**：最主要的是克服对跳石的恐惧心理，这就要求穿越者注意力集中，把注意力集中到路面情况上。雨季，大雨来临之前、大雨刚过时不要去峡谷跳石，小心山洪暴发。准备好一双底厚一点硬一点的登山鞋，在跳石之前要先检查鞋带是否松动，然后要把背包肩带和腰带拉紧，让背包紧贴背部，以免跳跃时背包晃动、重心不稳导致失足。遇到跳石时眼睛要注意观察前方的情况，准确判断下一个落脚点，注意观察某些石头上留下的长期作为落脚点的暗痕。另外，一定要把鞋底清理干净，如果鞋底粘上了沙子，就会摔跤。

（三）土　路

1. **路面特点**：这种路面较常见，主要是由石头风化和没有植被覆盖的山皮经过人们的长时间踩踏形成了这种路面。也许你会认为这种路面没有危险，甚至觉得是最好走的路，但是大雨过后这种路面就成了又脏又滑的泥路，非常容易跌倒，伤到膝盖。

2. **行走经验**：大雨后经过太阳的曝晒，土路表面看似已经被晒干，但实际上土地下已经吸足了水分，这个时候上下山时很容易滑倒摔跤出现危险，走这种路面时鞋底一定要防滑抓地，要充分利用登山杖作为支点，以免不注意一脚踩进很深的烂泥里，难以脱身。此外，春秋两季昼夜温差大，雨天、雪天后土路路面非常容易打滑、结冰，危险系数增高，遇到这种情况上下山时要充分利用登山杖和可以一切攀扶的东西，注意攀扶物体时要先确保该支点是牢固的，这一点非常重要。

（四）灌木丛

1. **路面特点**：灌木丛包括很多种，大致可以划分为自然灌木丛和人造灌木丛。自然灌木丛主要分布于茂密丛林中，灌木种类较多且较为低矮，一般土质湿滑松软，可能会有沼泽，危险性较大；人工灌木丛主要分布在气候较为干燥的山麓坡地，是人为栽种防风固土用的，所在地一般土质干燥、含沙土较多、貌似坚硬其实一踩就滑，部分区域存在流沙的情况。

2. **行走经验**：走灌木丛要带上眼镜、帽子，拉上冲锋衣的拉锁，队员之间至少要保持 1.5 米的距离，防止前面的队友带倒的树枝反弹回来伤到自己。时刻提醒后面的队友注意距离过远容易迷路！徒步经过自然类灌木丛时最好有辅助设备及经验丰富的领队或当地向导探路先行，要注意灌木多带短刺，蚊虫较多，建议穿高帮防滑鞋底、纹路大且凹凸较深的丛林靴，要穿长袖、长裤，注意脸部的保护。人造灌木丛较自然灌木丛灌木高且多刺，建议准备手套（最好皮质）、长袖高领防刮衣裤和防滑、抓地能力好的登山鞋，在徒步此类灌木丛时尽量走土质不滑、较宽的路，最好扶着枝干新鲜且可以支撑手力的活树枝，换手扶枝要牢固，落脚要稳要慢。

四、复杂地形行进方法

穿越者在遇到复杂地形时，首先要保持头脑清醒，努力寻找一切解决问题的办法，团队合作，一起克服路途中的困难。下面具体介绍几种常见的行进方法。

（一）行进山路，如何保持体力

在山地行进，为避免迷失方向，节省体力，提高行进速度，应力求有道路不穿林翻山，有大路不走小路。如没有道路，可选择在纵向的山梁、山脊、山腰、河流小溪边缘，以及树高林稀、空隙大、草丛低而疏的地形上行进。要力求走梁，而不走沟；走纵，而不走横。行进时，能大步走就不小步走。这样几十公里下来，可以少迈许多步，节省体力。疲劳时，应用放松的慢步来休息，而不应该停下来。攀登岩石时，应对岩石进行细致的观察，慎重地识别岩石的质量和风化程度，确定攀登的方向和路线。

（二）攀登岩石路应该掌握的方法

攀登岩石的基本方法是“三点固定”，即两手一脚或两脚一手固定后再移动剩余的一手或一脚，使身体重心上移。手脚配合要协调，避免两点同时移动，一定要稳、轻、快，根据自己的实际情况选择最合适的距离和最稳固的支点，不要跨大步和抓、蹬过远的点。攀登 30 度以下的山坡可沿直线上升。攀登时，身体稍向前倾，全脚掌着地，两膝弯曲，两脚呈外“八字”型，迈步不要过大过快。坡度大于 30 度时，一般采取“之”字形攀登路线。攀登时，腿微曲，上体前倾，内侧脚尖向前，全脚掌着地，外侧脚尖稍向外撇。在行进中不小心滑倒时，应立即面向山坡，张开两臂，伸直两腿，脚尖翘起，使身体尽量上移，以减低滑行的速度。这样，就可设法在滑行中寻找攀引和支撑物。不要面朝外坐，因为这样会滑得更快，而且在较陡的斜坡上容易翻滚，从而增加危险。

（三）遇到河流时的处理方法

河流是山区和平原地区经常遇到的障碍。遇到河流首先要冷静，不要盲目入水，要仔细地观察之后，用长木棍预测一下水深，再确定渡河的地点和方法。山区河流通常水流湍急，水温低，河床坎坷不平。涉渡时，为了保持身体平衡，应当用一根竿子支撑在水的上游方向，或者手执重达 15—20 公斤石头。集体涉渡时，可三人或四人一排，彼此环抱肩部，身体最强壮的位于上游方向。

五、穿越对行囊及安全的要求

（一）行囊要求

简单地讲就是轻、便、精、全。携带物品要精练但是要求完备。一般人负重不超过体重的 1/5 时，可以较轻松地承受；负重达到体重的 1/4 时，长时间行进会感疲劳；负重到体重的 1/3 时，灵活性受很大影响，完成攀登、跳跃等动作很困难。所以，野外活动中负重以不超过体重的 1/4 为宜。背包要求结实耐用；必须要有护膝、护踝用具，防晒霜，急救用品，毛巾等。

（二）安全要求

1. **注意防火**。尤其是在秋冬季，进山不可吸烟，不要在野外用明火，以防引起林火。

2. **注意保护环境**。所有金属、塑料等不易降解的垃圾，应携带进城再扔，绝不能就地焚烧或掩埋。

3. **保持联系**。出发前应有较详细的活动计划，并留一份给自己的亲友。每到一地应尽量与家中联系，告知行程，或者在沿途村落留信。这样，万一发生意外能够迅速准确地展开救援。初学者最好不要单独进山，以三至五人结伴为宜。

六、野外穿越的生存方法

（一）利用自然特征判定方向

在没有地形图和指北针等制式器材的情况下，要掌握一些利用自然特征判定方向的方法。

1. **利用太阳判定方位：** 可以用一根标杆（直杆），使其与地面垂直，把一块石子放在标杆影子的顶点A处；约10分钟后，当标杆影子的顶点移动到B处时，再放一块石子。将A、B两点连成一条直线，这条直线的指向就是东西方向。与AB连线垂直的方向则是南北方向，向太阳的一端是南方。

2. **利用指针式手表对太阳的方法判定方向：** 手表水平放置将时针指示的（24小时制）时间数减半后的位置朝向太阳，表盘上12点时刻度所指示的方向就是概略北方。假如现在时间是16时，则手表8时的刻度指向太阳，12时刻度所指的就是北方。夜间天气晴朗的情况下，可以利用北极星判定方向。寻找北极星首先要找到北斗星。该星座由七颗星组成，开头就像一把勺子一样。当找到北斗星后，沿着勺边A、B两颗星的连线，向勺口方向延伸约为A、B两星间隔的5倍处一颗较明亮的星就是北极星。北极星指示的方向就是北方。还可以利用与北斗星相对的仙后星座寻找北极星。仙后星座由5颗与北斗星亮度差不多的星组成，形状像W。在W字缺口中间的前方，约为整个缺口宽度的两倍处，即可找到北极星。

3. **利用地貌特征判定方位：** 这是一种辅助方法。使用时，应根据不同情况灵活运用。独立树通常南面枝叶茂盛，树皮光滑。树桩上的年轮线通常是南面稀、北面密。农村的房屋门窗和庙宇的正门通常朝南开。建筑物、土堆、田埂、高地的积雪通常是南面融化得快，北面融化得慢。大岩石、土堆、大树南面草木茂密，而北面则易生青苔。在野外迷失方向时，切勿惊慌失措，而是要立即停下来，冷静地回忆一下所走过的道路，想办法寻找一切可能利用的标志，重新制定方向，然后再寻找道路。最可靠的方法是“迷途知返”，退回原出发地。在山地迷失方向后，应先登高远望，判断应该向什么方向走。通常应朝地势低的方向走，这样容易碰到水源、顺河而行最为保险，这一点在森林中尤其重要。因为道路、居民点常常是滨水临河而筑的。如果遇到岔路口，道路多而令人无所适从时，首先要明确要去的方向，然后选择正确的道路。若几条道路的方向大致相同，无法判定，则应先走中间那条路，这样可以左右逢源，即便走错了路，也不会偏差太远。

（二）野外生存获取食物的途径主要有两种

1. 猎捕野生动物

猎捕野生动物首先要知道动物的栖息地，掌握动物的生活规律，然后再采取压捕、套猎、捕兽卡以及射杀等方法进行猎捕。这需要在专家指导下经过较长时间的训练和实践后才能真正掌握。下面仅简单介绍一下可食用昆虫和可食野地生植物的种类、食用方法。目前，世界上人们在食用的昆虫有蜗牛、蚯蚓、蚂蚁、知了、蟑螂、蟋蟀、蝴蝶、蝗虫子、蚱蜢、湖蝇、蜘蛛、螳螂等。人们对吃昆虫虽然不习惯，甚至感到厌恶，但在万不得已的情况下，为维持生命，保持战斗力，继而完成任务，不妨一试。但是应注意，食用昆虫一定要煮熟或烤透，以免昆虫体内的寄生虫进入人体，导致中毒或得病。

常见的可食昆虫有：蝗虫；浸酱油烤着吃，煮或炒也可以；螳螂：去翅后烤或炒，煮也可以；蜻蜓：干炸后可食；蝉：生吃或干炸，幼虫也可食；蜈蚣：干炸，但味道不佳；天牛：幼虫可生食或烤；蚂蚁：炒食，味道好；蜘蛛：除去脚烤食；白蚁：可生食或炒食；松毛虫：烤食。

2. 采集野生植物

可食野生植物包括可食的野果、野菜、藻类、地衣、蘑菇等。对可食野生植物的识别是野外自下而上知识的主要内容。我国地域广大，适合各种植物生长，其中能食用的就有 2000 种左右。我国常见的可食野果有：山葡萄、笃斯、黑瞎子果、茅莓、沙棘、火把果、桃金娘、胡颓子、乌饭树、余甘子等，特别是野栗子、椰子、木瓜更容易识别，是应急求生的上好食物。常见的野菜有苦菜、蒲公英、鱼腥草、马齿苋、刺儿草、荠菜、野苋菜、扫帚菜、菱、莲、芦苇、青苔等。野菜可生食、炒食、煮食或通过煮浸食用。但是，一般人需要在专家指导下经过一定时间的训练才能掌握这些知识，这里介绍一种最简单的鉴别野生植物有毒无毒的方法，供紧急情况下使用。通常将采集到的植物割开一个小口子，放进一小撮盐，然后仔细观察是否改变原来的颜色，通常变色的植物不能食用。

（三）获取饮用水

1. 获取饮用水的途径通常有两条

（1）**挖掘地下**。通常有洼地或山谷中生长植被的地方有可能有地下水。在野外最好不要饮用从杂草中流出的水，而以从断崖或岩石中流出的清水为佳。饮用河流或湖泊中的水时，可在离水边1—2米的沙地上挖个小坑，坑里渗出的水较之直接从河湖中提取的水清洁。

（2）**净化地面水**。在野外，可以用饮水消毒片、漂白粉精片以及明矾等药品净化水。在专家指导下，还可用一些含有黏液质野生植物净化水。切记，不论多么口渴，都不要饮用不洁净的水，万不得已时，也要把水煮开再喝。通常雨水可以直接饮用。下雨时，可用雨布、塑料布大量收集雨水，也可用空罐头盒、杯子、钢盔等容器收接雨水。当没有可靠的饮用水又无检验设备时，可以根据水的色、味、温度、水迹，概略鉴别水质的好坏。纯净水在水层浅时无色透明，深时呈浅蓝色。可以用玻璃杯或白瓷盛水观察。通常水越清水质越好，水越浑则说明杂质多。一般清洁的水是无味的，而被污染的水则时常带有一些异味。地面水的水温，因气温变化而变化，浅层地下受气温影响较小，深层地下水水温低而恒定。如果所取样的水不符合这些规律，则水质一般都有问题。此外还可以用一张白纸，将水滴在上面晾干后观察水迹。清洁的水无斑迹，如有斑迹则说明水中有杂质，水质差。

2. 寻找水源的原则

（1）记住水是往低处流的。

（2）寻找水源的时候，要从高处俯览所处环境，搜寻河床的迹象，往往干枯的河床深处存有水源。

（3）选择有植物生长的地方挖掘水源，此外还有河床突然改变方向或遇到岩石阻碍的地方。

（4）在山区，可以在悬崖脚下或隐蔽的岩石裂缝处寻找水源。

（5）在沙滩，一般一直往下挖到潮湿的沙层，然后会有水漫漫地渗出来，渗出来的水有点咸味，但是经过层层少土过滤，这水可以直接饮用。

（6）要学会保存体液，不要吃干燥、味咸的食物。

七、野外常见的伤病的防治

（一）昆虫叮咬的防治：在野外为了防止昆虫的叮咬，人员应穿长袖衣和裤，扎紧袖口、领口，皮肤暴露部位涂搽防蚊药。不要在潮湿的树荫和草地上坐卧。宿营时，烧点艾叶、青蒿、柏树叶、野菊花等驱赶昆虫。被昆虫叮咬后，可用氨水、肥皂水、盐水、小苏打水、氧化锌软膏涂抹患处，去痒消毒。

（二）蚂蟥叮咬的防治：遇到蚂蟥叮咬时，不要硬拔，可用手拍或用肥皂液、盐水、烟油、酒精滴在其前吸盘处，或用燃烧着的香烟烫，让其自行脱落，然后压迫伤口止血，并用碘酒涂搽伤口以防感染。部队行进中，应经常查看有无蚂蟥爬到脚上。如在鞋面上涂些肥皂、防蚊油，可以防止蚂蟥上爬。涂一次的有效时间约为 4—8 小时。此外，将大蒜汁涂抹于鞋袜和裤脚，也能起到驱避蚂蟥的作用。

（三）昏厥：野外昏厥多是由于摔伤、疲劳过度、饥饿过度等原因造成的。主要表现为脸色突然苍白，脉搏微弱而缓慢，失去知觉。遇到这种情况，不必惊慌，一般过一会儿便会苏醒。醒来后，应喝些热水，并注意休息。

（四）中毒：其症状是恶心、呕吐、腹泻、胃疼、心脏衰弱等。遇到这种情况，首先要洗胃，快速喝大量的水，用指触咽部引起呕吐，然后吃蓖麻油等泻药清肠，再吃活性炭等解毒药及其他镇静药，多喝水，以加速排泄。为保证心脏正常跳动，应喝些糖水、浓茶，暖暖脚，立即送医院救治。

（五）中暑：其症状是突然头晕、恶心、昏迷、无汗或湿冷，瞳孔放大，发高烧。发病前，常感口渴头晕，浑身无力，眼前阵阵发黑。此时，应立即在阴凉通风处平躺，解开衣裤带，使全身放松，再服十滴水、人丹等药。发烧时，可用凉水浇头，或冷敷散热。如昏迷不醒，可掐人中穴、合容穴使其苏醒。

（六）冻伤：如发现皮肤有发红、发白、发凉、发硬等现象，应用手或干燥的绒布摩擦伤处，促进血液循环，减轻冻伤，轻度冻伤用辣椒泡酒涂擦便可见效。如发生身体冻僵的情况，不要立即将伤者抬进温暖的室内，应先摩擦肢体，做人工呼吸，待伤者恢复知觉后，再到较温暖的地方抢救。

（七）蜇伤：被蝎子、蜈蚣、黄蜂等毒虫蜇伤，伤口红肿、痛痒，并伴有恶心、呕吐、头晕等症状。要先挤出毒液，然后用肥皂水、氨水、烟油、醋等涂擦伤口，或用马齿苋捣碎，汁冲服，渣外敷。也可用蜗牛洗净后捣碎涂在伤口上。此外，蒜汁对蜈蚣咬伤有疗效。

（八）避免伤情恶化的措施：首先自己要学会自我保护，例如在穿越陡峭的山坡时，首先应确保伤者和营救人员有安全绳索的保护，对是否出现山体滑坡等危险也要做好准备；要对伤员做好初步的医疗诊断后再移动伤员，除非发生火灾等危险情况；在接触任何液体之前一定要带上橡胶手套；对任何沾有血迹的物体都要小心处理避免感染。

（九）ABC 原则：气管、呼吸、血液循环（Airway、Breathing、Circulation）发生事故后，应该迅速对受伤者的气管、呼吸和血液循环进行全面检查。因为这三个方面出现问题，将会直接危及受伤者的生命。首先帮助受害者呼吸通常；如果没有呼吸，迅速进行人工呼吸；其次是止血，如果发现受伤者心跳停止，应该不断按压心脏。

八、野外穿越如何做好防患措施及事后的紧急处理

（一）狂风暴雨与雷电

露营当然是以晴天为佳，但是突发性的暴雨、雷雨很难预测到。因此在选择营地时，先要选择避风处，帐篷周围挖排水沟，准备一些干木柴，放在帐篷内或用雨布盖好，衣物等用塑料袋装好。大雨来临时，注意把外帐架好，寝具等用雨布保护好。衣物、鞋袜弄湿了以后，可以晾在树枝上，以木炭火烤之。刮大风时，各类易吹走的物品记得要用石头压好，将火熄灭，以免火星飞入森林，造成火灾，如果风实在太大，不妨把帐篷收下，等到风停之后再行架上，这种情形以海边为多。长久住在都市的人，遇到闪电、听到雷声常以为是世界末日，事实上不用紧张，只要不架营在最高地势的山头或光秃秃的地方，危险性就减少了很多。闪电时避免站在高树之下，金属类东西最好丢弃。如果逃避不及，那么就地卧倒也可将危险降至最低。

（二）防　洪

露营多在溪边，下过一场大雨后，山区洪水倾泻而下，可能会淹没溪边营地，因此扎营时应注意洪水流向，沙滩冲积地是扎营佳处，洪水来时也首当其冲，下雨后应采取行动，换个营地，否则会有被洪水冲失的可能。如果夜晚风雨来临，沙滩上的营帐最好立即拔营，到附近搭个外帐容纳参加者，稳定士气，架个营火，度过一夜。到溪边或海边露营前，最好收听气象报告。如能请教熟悉当地气候、地形的人，以选择适当的露营时间，则是最理想的。

（三）防溺水与防火

不论在海边或溪边露营，很可能都有游泳的机会。海边露营有警戒线，不要太兴奋而忽略这道防线；不大会游泳的人，最好两人一组，并且不要离岸太远，技术好些的人，也该有个保留，不要太逞强，以致游不回岸。在溪边露营，很可能面临深潭，这时会游泳的人可能纷

纷投入水中，嬉水一番，这是犯了大忌。下水前应先试探水的深度，投石或以竹竿测试均可；溪水倾泻而下的深潭处，可能也是漩涡聚集处，不要轻易冒险。溪底石头凹凸不平，游泳时必须注意，以免碰伤了头。游过瘾了，要上岸时须注意找个水浅的地方，溪边石头较滑，而且石头间常有很大的空隙，万一没站稳，可能也会因此溺水。如果不幸有人溺水，那么先清除他口中的异物，并替他施行心脏按压和人工呼吸，并尽快找来懂得医护的人员，不要使劲压他的腹部，从腹部挤出来的东西，很可能堵塞他的咽喉。救溺水人时，以竹竿、浮物（木头、木扳、救生圈）或衣服均可，原则上救溺者必须自己站稳岸边，并且严防被溺水者拖下水。

防火方面，除了如前述做好灭火的工作外，切忌在帐篷内点蜡烛，翻倒的蜡烛很容易引起火灾而烧毁帐篷。不得已时，也得用一个平稳的石台插座；烟头烟蒂不往干柴上丢，并随时注意汽油煤油等，不可放在帐内，帐内的照明最好使用手电筒或营灯。

九、野外穿越扎营时应该注意的事项

（1）应尽量在坚硬、平坦的地上搭帐篷，不要在河岸和干涸的河床上扎营。

（2）帐篷的入口要背风，帐篷要远离有滚石的山坡。

（3）为避免下雨时帐篷被淹，应在篷顶的边线正下方，挖一条排水沟。

（4）帐篷四角要用大石头压住。

（5）帐篷内应保持空气流通，在帐篷内做饭要防止着火。

（6）晚间临睡前要检查是否熄灭了所有火苗，帐篷是否固定结实了。

（7）为防止虫进入，可在帐篷周围撒一圈煤油。

（8）帐篷最好朝南或东南面能够看到清晨的阳光，营地尽量不要在棱脊或山顶上。

（9）至少要有凹槽地，不要搭于溪旁，这样做晚上不会太冷。

（10）营地选择沙地，草地，或岩屑地等排水佳的地方。

第二节 拓展训练

一、拓展训练的起源与发展

拓展训练起源于二战期间的英国。当时大西洋上有很多船只由于受到攻击而沉没，大批船员落水，由于海水冰冷，又远离大陆，许多年轻海员葬身海底。但人们从生还者身上发现一个令人非常惊奇的现象，就是这些存活的人并不一定都是装备齐全、体能最好的人，但却都是求生欲望和信念最强的人。

当时有个德国人库尔特·汉恩提议，利用一些自然条件和人工设施，让年轻的海员做一些具有心理挑战的活动和项目，以训练和提高他们的心理素质。后来，其好友劳伦斯对这一现象进行了深入分析和研究，在他的倡议下，于1950年在英国的威尔士岛成立了一所求生训练学校（拓展训练学校），专门对人进行求生信念的训练，这就是拓展训练的雏形。

拓展训练是一种“体验式学习”，源于西方英文OUTWARD BOUND，它是一个航海术语。当航海要出发时，它用于召唤船员上船，表示船出发的时候就到了，船员们会很快回到船上准备出发。从字面意思上讲更多人愿意把它翻译成“出海的船”，并在教育领域诠释为一艘小船在暴风雨来临之际，离开安全港湾，驶向波涛汹涌的大海，迎接未知的挑战。

二战以后，在英国出现OUTWARD BOUND的管理培训，这种训练利用户外活动的形式，模拟真实管理情境，对管理者和企业家进行心理和管理两方面的培训。

1941年，一位颇有远见的德国教育家库尔特·哈恩（Kurt Hahn）和一位英国海运大亨劳伦斯·霍尔特（Lawrence Holt）爵士在威尔士的阿德伯威成立了世界第一所拓展培训学院，由于拓展训练这种非常新颖的培训形式和良好的培训效果，很快就风靡了整个欧洲的教育培训领域，并在其后半个世纪发展到全世界。

至今，在世界28个国家和地区共成立了48所以OUTWARD-BOUND统一命名的拓展训练学校，这些拓展训练学校已经成为一个国际性的组织，总部设在加拿大的渥太华。

中国拓展发展处于初级阶段，前景光明，拓展不仅局限于企业、学校教育，同样适用于家庭教育，学习成绩不再是唯一考核学生能力的指标，家长更加重视学生课外活动、交际能力、团队合作能力、创新能力的培养。拓展训练逐渐成为正规课堂外的有效补充！

二、拓展训练的定义

拓展训练是一种体验式学习方式，是通过专门设计具有针对性和挑战性的训练形式，利用种种典型的场景和活动方式，让团队和个人经历一系列的考验，磨炼克服困难的毅力，培养健康的心理素质和积极进取的人生态度，增强团队合作与沟通的意识，引爆和激发团队成员的灵感，发现团队的优势，挑战自我，超越自我。它是一种突破传统教育思维模式要求的全新学习与教育方式，课程具有创意，融思想性、教育性、挑战性、实用性和趣味性为一体。

拓展训练具有完善的教育基础理论，第一是成人教育理论体系，主要是针对成人学习规律和特点的教育理论体系。第二是经验学习理论体系，经验学习是拓展训练的主要基础理论框架，也是经验教育的主要学习模式：体验—分享—交流—整理—应用。第三是自发性挑战，主要是指在团队拓展训练过程中，学员有权利选择活动的强度，但是不得离开，可以观察团队其他成员活动，尊重其他成员，正面积极地增加团队经验价值，即使是一个不活跃的角色，仍然要共同完成任务，这就是自我挑战性的真正内涵！第四是全方位价值契约，这个理论是拓展训练中最有价值、最重要的观念之一。这一学说基于以下信念：团队中的每位成员与团队本身均有价值，这些价值进而成为团队成员的行为指导方针，因此全方位价值契约是以团队成员的共同努力，发觉正面积极价值的一种过程。它通常表现在鼓励、目标设定、团队讨论、宽容精神以及冲突处理上。全方位价值契约促使肯定下列四种价值：自我、他人、学习团队和学习的经历或机会。因此，在拓展训练中，每个成员均须同意和承认团队所制定的价值契约。第五是学习转移理论，拓展训练的真正意义是学员学到的经验最终应用到工作和生活中，这就是学习转移。学习转移分为三种，特定转移、非特定转移、隐喻转移。第六是认知研究和学习理论，该理论在拓展训练中得以应用有12个理由：(1) 人脑是一部平行处理器；(2) 学习是一项生理活动；(3) 探寻意义是人类与生俱来的本能；(4) 探寻意义必须经由模式或过程；(5) 情绪是模式化的关键要素；(6) 人脑壳痛是处理本分及整体的讯息；(7) 学习兼具集中意识与周边知觉；(8) 学习是有意识于潜意识的过程；(9) 我们至少有两种记忆形态；(10) 理解和记忆要发挥最佳效果，知识与技能需要与自然的空间的记忆结合；(11) 学习因挑战而成长，因强求而受阻；(12) 人的头脑是独特的。

三、拓展训练的分类

（一）根据场地划分：拓展运动训练包括场地、野外和水上三类

1. **场地训练**：在专门的训练场上利用各种设施，展开攀登、跳跃、下降、通过等活动。

图 2—2—1　拓展场地训练

2. **野外训练**：也称野外生存生活训练。回归到社会和大自然，使人们在与自然界的亲密接触中学会野外生存生活的基本技能。使人们学会安营扎寨，分辨可食植物，获取食物和水，学会如何看地图，如何使用 GPS 和罗盘，学会如何处理蛇和蚂蟥的叮咬，受伤自救和互救等，掌握攀岩，下降与保护，漂流溯溪，搭绳过涧等具有挑战性的活动技能。

图 2—2—2　野外拓展训练图

图 2—2—3　水上拓展训练

（二）根据课程划分：个人项目和集体项目

1. **个人项目**：要求每个人充分发挥自我潜能，经受一定难度的考验，最大限度地完成活动指标，让学生认识到真正的“敌人”是自己这一人生真谛，将使受训者刻骨铭心。

2. **集体项目**：以复杂性、艰巨性为特征，要求全体成员共同建立良好的团队气氛，以相互理解、信任、协作、融洽和默契来克服活动中的困难，达到活动的目的。

四、拓展训练的功能

拓展训练从情感上、体能上、智慧和社交上对学员提出挑战，在参与者解决问题和应对挑战的活动过程中，实现“磨炼意志、陶冶情操、完善自我、融炼团队”的锻炼。其功能体现在两个方面：提高个体的环境适应与发展能力、提高组织的环境适应与发展能力。由于拓展运动适应了时代完善人格、提高素质和回归自然的需要，因此使越来越多的人参与，成为素质教育的新时尚。

第三节　攀岩运动

一、攀岩运动简介

攀岩运动是攀登者借助于技术装备和同伴保护，能够在不同高度与角度的岩壁上，在有限的时间内选择自己认为最佳的、最合理的线路准确完成腾挪、蹿跳、引体等惊险技术动作，依靠自身顽强的意志、体力和思维能力，直至完成整条路线的攀登。

攀岩运动是一项集智力、体力为一体的心智型体育运动。只有脑力和体力协调配合才能取得期望的成绩，它要求运动员具有一定的攀岩技术与攀登的能力，还要具有冒险精神。攀岩运动有“岩壁芭蕾”

"峭壁上的艺术体操"等美称，由登山运动派生而来，富有很强的技巧性、冒险性，是极限运动中的一个重要项目，在世界上十分流行。

攀岩是从登山运动中衍生出来的竞技运动项目。20 世纪 50 年代起源于苏联，是军队中作为一项军事训练项目而存在的。1974 年列入世界比赛项目。进入 80 年代，以难度攀登的现代竞技攀登比赛开始兴起并引起人们广泛的兴趣，1985 年在意大利举行了第一次难度攀登比赛。攀岩运动也属于登山运动，攀登对象主要是岩石峭壁或人造岩墙。攀登时不用工具，仅靠手脚和身体的平衡向上运动，手和手臂要根据支点的不同，采用各种用力方法，如抓、握、挂、抠、撑、推、压等，所以对人的力量要求及身体的柔韧性要求都较高。攀岩时要系上安全带和保护绳，配备绳索等以免发生危险。

二、攀岩运动的起源与发展

最早的攀岩者是远古的人类，人类为了躲避猎食者或者是敌人，而在某个危急的时候纵身一跃，从而成就了攀岩这项运动。而人类最早的攀登记录，是公元 1492 年法国国王查理三世命令 Domp Julian de Beaupre，Captain of Montelimar 去攀登一座名为 Inaccessible 的石灰岩塔，高度为 304 米。当时他们就带着简单的钩子和梯子，凭着经验和技巧登顶成功。那座山后来被命名为 Mt. Aiguille，那次攀登成为历史上第一个有记录并使用装备的攀岩事件。然而之后长达几百年的时间里，历史上一直没有再留下人类新的攀登记录。

一直到 17 世纪中期，人们攀登高山的活动开始重新被记载下来。冰河地形以及雪山成为这些早期登山者主动迎接的挑战，而他们的足迹遍布了阿尔卑斯山区。在 1850 年的时候，登山者已经发展出一些简单的攀登工具，以帮助他们通过岩壁和一些冰河地形。比如有爪的鞋子和改良过的斧头和木斧，这些都是冰爪和冰斧的前身。在阿尔卑斯山区，有另外一些人尝试不过多依赖工具，而是运用他们自己的身体来攀登高山。1878 年 Georg Winkler 没使用任何工具成功首攀 Vajolet Tower 西面。虽然 Georg Winkler 使用了钩子且鞋子也经过改良，但他仍算是开创了自由攀岩。1947 年苏联首先成立了攀岩委员会。1948 年苏联在国内举办了首届攀岩锦标赛，这也是世界上第一次攀岩比赛。从那以后攀岩运动开始在欧洲盛行。六七十年代，欧洲举行了多次民间比赛。1976 年苏联举办了首届国际攀岩比赛。1980 年法国开始举办各种形式的攀岩比赛。1985、1986 年意大利举办的国际比赛，因有许多国家的攀岩高手参加而获得了巨大成功。虽然攀岩运动吸引了众多爱好者，但因自然岩壁都是在郊外，交通、时间问题给人们带来了诸多不变，人们只能利用节假日来从事这项运动。1985 年法国人弗兰西斯·沙威格尼发明了可以自由装卸的仿自然人造岩壁。他实现了人们要把自然中的岩壁搬到城区的设想。因人工岩壁比自然岩壁在比赛规则上易于操作，并利于观众观看，1987 年国际攀登委员会批准人工岩壁上的攀岩比赛为国际正式比赛，并于当年在法国举办了人工岩壁上的首届攀岩比赛。1989 年首届世界杯攀岩赛分阶段在法国、英国、西班牙、意大利、保加利亚和原苏联举行，运动员参加在各地举行的比赛，然后根据每站比赛的得分进行年度总排名，总成绩最好者即为世界杯得主。此后，每年都举行世界杯赛。1991 年举办了首届世界攀岩锦标赛。1991 年 1 月“亚洲攀岩比赛委员会”在香港正式宣布成立，1992 年国际登山联合会向国际奥委会申请把攀岩列入奥运会正式比赛项目，1993 年国际奥委会正式承认攀岩为奥运会项目，国际登山联合会努力争取把攀岩列入 2006 年冬季奥运会正式比赛项目。在亚洲，这标志着亚洲的攀岩运动进入了一个新的阶段。1992 年 9 月在韩国首尔举办了第一届亚洲攀岩锦标赛。在欧美、苏联及亚洲的日本、韩国，攀岩运动已相当流行，当今世界攀岩水平数欧美特别是法国与美国最高，法国相对在人工岩壁上占优，美国在自然岩壁称强。在亚洲，日本、韩国水平较高，他们有些选手已达到世界水平。

在中国，1987 年中国登山协会派出 8 名教练和队员去日本长野系统学习攀岩，回国后，于当年 10 月在北京怀柔大水裕水库自然岩壁举办了第一届全国攀岩比赛。1990 年在怀柔国家登山队训练基地的人工场地上第一次举办了攀岩比赛。1993 年，攀岩比赛被国家体委列入正式比赛项目，此后每年都举行一次全国锦标赛。同年 9 月，第一届全国攀岩锦标赛在长春举行；10 月在武汉举行了国内首届国际邀请赛；12 月在长春又成功地举办了第二届亚洲锦标赛。2011 年，山东省第一届全民健身运动会攀岩比赛暨第八届攀岩锦标赛在第三届亚洲沙滩运动会举办城市海阳市攀岩场地举行。2012 年 10 月 16 日，“吴江农商银行杯”2012 吴江·汾湖国际攀岩大师赛，在美丽的江南水乡福地——吴江汾湖举行，中国内地、香港及台湾的水平大体相当，同属亚洲中流水平。攀岩运动在中国经过十多年，特别是近两年的发展已初具规模，并吸引了越来越多的年轻人参加，发展前景十分喜人。从 1997 年开始，国内每年要举行两次以上的全国或国际性比赛，1997 年 8 月在西岳华山举行了国内迄今为止总体水平最高的一次国际攀岩邀请赛，亚洲攀岩锦标赛也将由中国承办。在中国北方地区，特别是北京，了解攀岩的人已为数不少，而参与攀岩已成为许多青少年的时尚行为。尽管攀岩还没有在全国范围内得到很好的普及推广，但值得欣喜的是，通过近几年新闻媒体的大力宣传，东南沿海、西南及西北等地区也纷纷要求开展这项运动。全国已经建好或正开始修建各种各样的天然及人工攀岩场地供人们训练和娱乐。

我国幅员辽阔，山地资源丰富，可供攀岩的悬崖峭壁比比皆是。中国人比较灵巧、轻捷，只要下工夫，我们就能够在不久的将来进入攀岩运动的世界先进行列。当前，攀岩正以其特有的魅力，突出的个性感染着人们。参与攀岩，会让您在与悬崖峭壁的抗衡中学会坚强，在与大山的拥抱中感受宽容，在征服攀登路线后享受成功与胜利的喜悦。

三、攀岩运动的分类

（一）按照攀岩场所分

1. 自然岩壁攀登（Traditional Climbing）

定义：在野外攀爬天然生成的岩壁；一般是开发和清理过的难度或抱石路线，也称为传统攀登。

优点：可以接近自然，充分体会攀岩的乐趣；岩壁角度、石质的多样性带来攀登路线的千变万化；由于岩壁固定，路线公开且可长期保留，所以自然岩壁的定级可经多人检测对比，成为攀岩定级的主要依据。

缺点：野外岩场地处偏僻，交通不便，时间和金钱花费都较大；路线开发也比较费力。路线开发时间长后会老化。

2. 人工岩壁攀登（Sport Climbing）

定义：在人工制造的攀岩墙上攀登，包括室内攀岩馆和室外人工岩壁，多为训练和比赛使用的攀登方式，因此又称竞技攀登。

图 2—3—1　人工攀岩墙（中央民族大学体育学院攀岩墙）

优点：对攀岩者安全性较高；交通方便，省时省力；不可预见因素少，可以定期训练或进行专项训练；人员密集，便于交流切磋；另外，人工岩壁可以对路线进行保密性设置从而成为攀岩比赛的主要形式。

缺点：缺少特殊地形，创意性少，自由发挥余地小；支点的可调性使得人工岩壁路线常变，定级主观性更强，准确度偏低，相对自然岩壁线路问题会比较尖锐，人工线路难度越大对力量要求越高。

（二）按照比赛形式分

1. 难度攀岩

主要考察运动员攀登的难易程度。

2. 速度攀岩

主要考察运动员速度。

3. 攀石赛

是指运动员在人工攀岩墙上进行的比赛

四、攀岩运动对练习者的要求

练习攀岩首先要求手脚协调统一，平稳地移动；平衡性、灵活性、柔韧性的统一；保持身体重心平衡，将身体重心放在脚上；保持自己的能量，将重力作用于脚上而不是手臂上；合理运动耐力，减少不必要的体能消耗。

攀岩运动是一项极具危险性的运动，所以要求运动员具有良好的心理素质和一定的攀登技术。每次攀登的成功体验都是一次心理与体能的盛宴，会令人更加自信，更加顽强，更加热爱这项运动。此外攀岩运动对运动员的身体形态的要求虽不如篮球、排球、投掷等项目高，但也有其自身明显的特征要求。在攀岩比赛中，当支点间跨度较大时，身高、臂长者会占有明显优势。此外，体重在一定程度上能反映身体的充实度。过重的体重会直接破坏攀岩的灵活性，增大了身体和各部位的惯性，从而降低了肌肉收缩的能力，所以攀岩运动员要有和身高成比例的相应体重，才能取得事半功倍的效果。攀岩运动员的最佳体重 = （身高减 110）×90%。为了防止攀登者在攀登过程中出现危险与意外，练习者需要学会保护技术，合理应用保护装备、结绳的方法、固定点的选择等。

第三章　休闲运动

休闲运动，是人们在工作、学习之余进行的积极主动、轻松愉快、毫无心理负担的一些健康娱乐活动。是以身体运动为主要形式的一种活动，是在现代社会快节奏的工作和生活环境下，人们利用余暇时间，主动随意地体验各种以身体活动为基础的一种娱乐、健身的过程，是身体放松必不可少的一种运动。它具有娱乐性、趣味性、随意性、自由性的特点。

将休闲运动引入少数民族大学生健康教育，其真正的意义正在于使大学生获取休闲健身的技能，培养大学生们养成良好的科学健身习惯，从而达到终身体育的目的。使大学生在日后的工作与休闲中享受生活，为进入未来休闲时代实现自我价值而奠定基础。这一章介绍的休闲运动主要内容有滑翔、滑雪、潜水、高尔夫、轮滑项目，让学生通过学习，了解当下时尚休闲健身项目的起源、发展、技术、安全措施等，为日后科学地选择和练习奠定基础，不论是观赏，还是参与，大学生从丰富多彩、形式各异的运动项目中可以获得更丰富的自我形象，提高对自己的认识，更加坚信自己的生活能力。通过休闲健身学习可以获得健康的身体，促进体能，养成良好的健身习惯和优雅的品行。

第一节　滑翔运动

从古至今，人类一直在不停地探索着能够像鸟儿一样自由自在飞翔的方法。滑翔运动就是在这样的探索下诞生的。

与飞机等密闭的航空器不同，当你张开五颜六色的滑翔伞，依靠风力和速度，从几百米甚至几千米的高山腾空而起时，你已融入天空中，山川大地，尽收眼底，清风掠过耳际，心情顿时化作悠然。滑翔伞按照你的意愿上升和盘旋，感受到的是天地之间驾驭自我的刺激和满足。

一、滑翔运动的起源

滑翔伞运动20世纪70年代起源于欧洲。1978年，法国登山家贝登和朋友用方形降落伞从阿尔卑斯山山腰起飞，进行了一次飞行尝试，成功地飞到山下，一项新的航空运动诞生了。

1984年来自沙木尼的费龙（Roger Fillon）从勃朗峰上飞出，滑翔伞一夜成名，迅速在世界各地风行起来。现在，仅在欧洲，滑行伞飞行者已有300多万人。

二、滑翔伞运动的定义

定义：滑翔伞运动是指飞行员自山坡上跑下，借助风力撑开滑翔伞衣形成空气动力，鞠翔飞行并安全降落的运动。

三、滑翔运动的分类

目前滑翔运动所使用的工具主要有滑翔翼与滑翔伞两种。滑翔伞与滑翔翼有很大区别。

1. **滑翔翼**：滑翔翼有一个刚性框架，能保持翼体的三角形的形状。滑翔翼的飞行员一般悬挂在翼体下方俯式飞行，其身体外包着一个像虫蛹似的吊袋。

图 3—1—1　滑翔翼（图片由石家庄峰之风滑翔伞俱乐部提供）

2. **滑翔伞**：滑翔伞的伞衣则靠空气压力维持其梭形、椭圆形、橄榄形的形状。滑翔伞的飞行员一般是坐在一个椅子式的鞍具上。不用时，可以折叠起来放进一个背包里面，便于携带。而运送滑翔翼时需要使用带车顶行李架的汽车，其准备和结束工作也较繁复。另外，学习滑翔伞比学习滑翔翼也要容易些。所以人们也更愿意选择学习滑翔伞。

图 3—1—2　滑翔伞（图片由石家庄峰之风滑翔伞俱乐部提供）

四、滑翔伞运动装备

在做滑翔伞飞行时，除了滑翔伞以外，还有一些必需的装备。包括：飞行服、套带、安全帽、手套、鞋、护目镜、仪表、紧急伞（备用伞）等。

飞行服可以保护身体，飞行时要使身体暴露在外的部分尽可能的少。套带是用来连接滑翔伞和飞行员的，必须依照自己的体重而慎重选择。安全帽是在起飞和着陆时保护头部的必需装备。鞋的选择应以质轻坚固为原则（避免附有挂钩）。滑翔伞运动所需的仪表包括风速计、高度计、升降仪等。在做高空飞行时，必须使用上述装备。初学阶段则只需配备风速仪即可。

五、滑翔运动注意事项

（一）初学者的练习，应避免在山坡，最好是在没有障碍物，宽广的平地练习比较好。

（二）如果风速太强时，对初学者来说是没有效果的。这种场合则适合用拽引的方式让初学者感觉风速、风压及伞的操纵等。

（三）如果伞衣无法很正确地使用，而令其在头顶正上方站立时，应该立刻停止，使伞衣完全落在地上，再重新来过。

（四）初到一个场地飞行时，要向当地的飞行员请教，听取他们的意见与建议。另外，当地气象有关资料的获得也是很重要的。

（五）在越野飞行前，应该尽可能在出发时和场地负责人或所属队长联络。

（六）伞型不要任意改造，制造商对其所贩卖的伞型有所改适的话，会由其自己的试飞员来做试验。

（七）遵守滑翔的交通规则：

1. 速度快的要让速度慢的。

2. 有动力的要让无动力的。

3. 同向时，高度高的要让高度低的。

4. 同向又同高度时，右边的先行。

5. 两方相遇时各向右转。

6. 超越时应由右方超越。

7. 进入热气流盘旋时，以先进入气流者的方向为方向。

8. 右侧靠山壁者可直行。

9. 不要到当地航空管制部门指定的空域范围之外飞行，以免误闯军事敏感区、国家安全敏感区、边境管理区等。

滑翔伞高度之最：
1988年，法国冒险家伯亚凡登顶珠穆朗玛峰后从顶峰飞出，最高升至海拔9000米。中国人的最高纪录为4000米。

滑翔伞距离之最：
滑翔伞飞过的最远距离为337公里，中国人创造的最远距离是120公里。

滑翔伞飞行时间之最：
滑翔伞最长的飞行时间为17小时，中国人的最长飞行时间是7小时。

第二节 滑雪运动

一、滑雪运动的起源

滑雪运动起源于欧亚大陆北部极度寒冷的地区。最初，人们也许是用皮带把大片兽骨绑在皮靴上，作为滑雪的工具。1896 年，奥地利人札斯基发明了一种将一双雪橇以某种倾斜角度推入雪坡，以控制滑降速度的方法。20 世纪初期，奥地利人施乃德根据札斯基的发明，发展出崭新的转弯和煞车技巧。自此以后，滑雪运动日渐风行。瑞士于

1921 年第一次举办了曲道滑雪赛。1924 年第一届冬季奥运会有了北欧式的滑雪比赛。1936 年冬季奥运会又增设了阿尔卑斯山式滑雪的比赛。这项运动进入我国比较晚，20 世纪 80 年代传入我国，在 1996 年前，涉足这项运动的还仅是专业运动员及驻京使馆商社的滑雪爱好者。现在据有关部门统计，每年到滑雪场去体验滑雪感受的人数已达上万人次，而且呈逐年上升趋势。

图 3—2—1　滑雪运动

二、滑雪运动的分类

现代滑雪运动大致可分为三种类别：阿尔卑斯山式，北欧式，自由式。

1. **阿尔卑斯山式**：滑雪是指沿雪坡滑降的滑雪运动，其名称是由滑降运动源于阿尔卑斯山而得，包括了各式技巧和动作，其中三种最基本的动作是：直降、横渡和转弯。

2. **北欧式**：滑雪包括了越野滑雪和滑雪跳跃，名称的由来是因为这种运动起源于北欧各国。越野滑雪是最大众化的滑雪方式，而滑雪跳跃则使人像空中飞人一样，需要过人的胆识和高超的技巧。

3. **自由式**：自由式滑雪其实就是一种特技表演，表演者从陡峭而崎岖不平的雪坡向下滑降，同时还得表演后跳、踢腿，甚至翻跟头等其他惊险的特技。

三、滑雪运动的正式比赛项目

（一）男子：2.5 公里、3 公里、5 公里、8 公里、10 公里、15 公里、30 公里、50 公里；

（二）女子：1 公里、2.5 公里、3 公里、5 公里、8 公里、10 公里、15 公里、20 公里；

（三）集体赛：男女接力赛；团体赛。

全国性比赛项目和竞赛顺序：男子为 30 公里、15 公里、4×10 公里接力，50 公里；女子为 10 公里、5 公里、4×10 公里接力，20 公里。

四、滑雪运动基本技术

滑雪基本技术包括平地滑雪技术、滑降技术两部分。前者包括交替滑行、同时推行滑行（简称同时滑行）、蹬冰式滑行、综合滑行及改变方向等在内的实用滑雪基本技巧。后者则是指穿着滑雪板在山坡上由上而下地滑行。在滑雪竞赛中，快速滑降是速度最快的项目，最快速度可达每秒 30 米以上，所以也是全部滑雪技术中很关键的一部分。

在初学阶段，学员应掌握的滑降技术主要有直滑降、斜滑降、犁式滑降和半犁式滑降；应掌握的转弯技术是犁式转弯、半犁式转弯，并了解犁式滑降和半犁式摆动转弯技术要领。学习滑降主要是使学员在高速运动中学会掌握重心，学习技术则能使滑雪时得以轻易绕过障碍物。由于高山滑雪是加速运动，太快的速度使滑雪者不易控制滑雪板，而转弯过程本身就是减速运动，通过转弯，可使滑雪者将滑雪板在匀速状态下滑行。只要将上述基础动作学好，并熟练掌握，就能在不同的地形条件下真正体验滑雪带来的无穷乐趣。

图 3—2—2 单板滑雪

五、滑雪运动安全守则

（一）初到雪场时应先了解滑雪场的大概情况，记住地图上雪场设施的分布位置，认清警示标志，严格遵守滑雪场的有关安全管理的规定。注意索道开放时间，在无人看守时切勿乘坐。

（二）注意滑雪时器材和线路的安全可靠性。事先要很好地检查滑雪板和滑雪杖，包括有无折裂的地方、固定器连接是否牢固、附件是否齐备等。最好带有备用板、备用杖及修理工具，在陌生的雪区应使用向导。在滑行中发觉器材异常或道路情况不明时应先停下来，待辨明情况后再前进。

（三）初学者应注意循序渐进，量力而行。在训练期间应听从教练和雪场工作人员的安排和指挥，在未达一定水准时不可擅自到对技术要求较高的雪区滑雪，以免发生意外。

（四）应了解滑雪的有关规则，如在停下休息时要离开雪道以免影响他人，滑降时不能碰撞前面的人，否则将在事故中负主要责任。

（五）在区域较大的雪场滑雪时应早去早回，切记不可擅自越过雪场界限或远离营地，以免发生意外。不要单独在森林中或容易发生雪崩的时间或地点滑行，最好三人以上集体行动，如单独出发，一定要告诉同伴或雪场管理人员。

（六）掌握运动强度，避免反复多次出汗而感冒或筋疲力尽滑不回来。气候突变时（如突起大风、气温突然下降等），最好中止旅行，采取应急措施。一般无可靠防备措施时不要向无人烟地区和原始森林中深入太多，因为风雪弥漫时，极易迷失方向，雪板痕迹被风刮平，回路不易找到。

六、滑雪运动的装备

滑雪最重要的装备是滑雪板、脱落器、附件垫板、滑雪鞋、滑雪杖、滑雪服、手套、帽子、太阳镜。

（一）脱落器：用于连接雪板和滑雪鞋，并能在摔倒或遇到紧急情况时自动将滑雪鞋和雪板分离，以避免受伤。这就需要一种“安全脱落装置”。在这里，向大家推荐 Marker 脱落器，这种脱落器以其安全性而著名。安全脱落器还必须根据滑雪者的体重和技能加以调节——这种调节应该由专业人士来完成。

（二）垫板：是随着 Carving 技术的出现，在最近几年的竞技运动中才出现的。这种垫板使最大限度的立起板刃成为可能，并减少了在转弯时雪和鞋之间产生摩擦的可能性（我们称这种功能为 Bootout）。垫板越高，立刃的程度也越大。但同时也需要更大的力量和更长的时间来实现从一个弯到下一个弯的转换（即内、外刃之间的转换）。当然，这种雪板比没有安装垫板的雪板更容易陷入深雪中，同时重量也会有所增加。此外，根据安装方式的不同，整个雪板的伸展性和强度也会有所不同。

（三）滑雪鞋：现代的滑雪鞋是由合成材料生产的，并加有金属扣。通常鞋由较坚硬的外壳和柔软的内靴套组成，以保证鞋的舒适。一双好的滑雪鞋应具备如下条件：

1. 脚踝两侧不能有松动；

2. 鞋的后部应坚固，有一定的承受力；

3. 保证小腿能灵活地向前曲；

4. 鞋扣稍紧一点能够增强雪鞋的承受能力，并能将脚部力量传至雪板，更易于控制雪板；

5. 好的鞋底和舒适的内靴套不仅能保证脚的舒适与温暖，并能将体重及脚部发出的力量均匀地通过鞋底传递到雪板。

（四）滑雪杖：为了更好地体会平衡，许多滑雪技巧的最初练习可不使用雪杖。在超级 Carving（发烧级 Carving）技术中基本上是不用雪杖的。但一般来说，雪杖还是属于滑雪的基本装备。今天，生产雪杖的材料基本为金属铝或 Grafit。理想的雪杖长度为，当人直立时，手持雪杖垂直触地，大小臂能呈 90 度角最佳。

（五）滑雪服：最重要的作用是保暖。因此滑雪服应防水防风。一般面料的服装吸水并且透风，这对于冬季运动显然是不适宜的，甚至十分危险。因此应选用专门的滑雪服，并应大小合适，以保证身体活动自如。同时，选一双结实的滑雪手套（如加衬的皮手套）和好的帽子也是十分重要的。帽子的作用是一方面御寒，另一方面防晒伤。

图 3—2—3 滑雪教练，中央民族大学体育学院教师——赵志忠

第三节 潜水运动

一、潜水运动的起源与发展

早在2800年前，米索不达文化全盛时期，阿兹里亚帝国的军队用羊皮袋充气，由水中攻击敌军，这就是潜水的最早雏形。距今1700年前的中国史书《魏志倭人传》中，就已经有了海边渔夫在海里潜水捕鱼的场面描写。到了1720年，一个英国人利用一只定做的木桶潜到水下20公尺深的地方成功地进行海底打捞。

今天职业潜水的前身，则要算160年前英国的郭蒙贝西发明的从水上接帮浦运送空气的机械潜水，也就是头盔式潜水。这种潜水于1854年首次在日本出现。

1924年开始使用玻璃做潜水镜，并利用帮浦从水面上吸取空气的“面罩式潜水器”，这是水肺潜水器材的前身。就在这年日本人使用面罩式潜水器潜入地中海底70公尺，成功地捞起沉船八阪号内的金块，震惊了全世界。

近几年来由于潜水器材的进步，带动潜水运动蓬勃发展，投身于潜水和喜欢潜水运动的人也越来越多。由于潜水运动日益流行，许多潜水组织应运而生。目前世界上的潜水组织有好几百个，由于经营策略和方法上的不同，其知名度、普及率、国际化等的程度有所差异。

二、潜水运动的定义

1. **从广义上讲“潜水”**：是指人在水面以下进行的各项活动的总称。包括潜泳、水下工程、打捞救援等。

2. **从狭义上讲“潜水”**：是指人在水面以下进行的休闲、观光等娱乐活动，我们称之为“休闲潜水”。

三、潜水运动的分类

从性质上分为专业潜水和休闲潜水。

1. 专业潜水主要是指水下工程、水下救捞、水下探险等方面需要有经验的专业潜水人员进行的潜水活动。

2. 休闲潜水是指以水下观光和休闲娱乐为目的的潜水活动，我们平常能接触到的潜水观光就属于休闲潜水，而在海滨旅游景区所看到的绝大多数是休闲潜水中的潜水体验。

四、休闲潜水

（一）休闲潜水的定义

休闲潜水，是在一种类似失重的状态下（宇航员都是在泳池中训练失重状态下工作的），进入一个完全不同的空间，彻底放松全身心，让一切都随意而自然，在静谧的海底无言地观赏各种色彩斑斓的奇异珊瑚和鱼类，用手势和眼神与同伴交流。这种感受是不可能在陆地上获得的，也是没有真正潜入海底的人无法体会到的。

潜水不仅需要兴趣和勇气，还要有娴熟的技术和一定的理论知识，最重要的是按照世界潜水活动联合会（CMAS）组织的规定从事潜水活动必须持有“上岗证”——潜水执照。潜水执照是由世界潜水活动联合会（CMAS）统一制作颁发，全世界通用。它就是去全世界潜水的通行证，就如同开车一样，拥有了潜水执照才能到全世界参加开放水域（自然水域）的潜水活动。到了国外，没有它就不能潜水。

（二）休闲潜水的优点

1. 潜水运动可以增大肺活量，增强主要肌肉群的力量，提高游泳技能，磨炼意志，锻炼体魄，甚至有减肥的功效。

2. 潜水运动能够掌握许多有关潜水的物理、生理和医学知识以及海洋生物知识。

3. 潜水运动还能学到急救、溺水抢救等知识。

（三）休闲潜水的分类

休闲潜水又分为浮潜和水肺潜水（即使用气瓶和水下呼吸器进行潜水）。

1. 浮潜是比较简单的，只需利用面镜、呼吸管和脚蹼就可以漂浮在水面，然后通过面镜观看水下景观。在国内外只要通过简单的培训，而不必一定需要取得浮潜证书，即可进行浮潜活动。

图 3—3—1　浮潜（图片由三亚中仁联盟海洋运动提供）

水肺潜水是带着压缩空气瓶（并非很多人认为的是使用氧气瓶），利用水下呼吸器在水下进行呼吸，是真正的潜入水底的一种潜水。全套水肺潜水装备包括面镜、呼吸管、脚蹼、呼吸器、潜水仪表、气瓶、浮力调整背心和潜水服等，潜水员在开放水域潜水时，还会携带潜水刀、水下手电乃至鱼枪等必要的辅助装备。

图 3—3—2　水肺潜水（图片由三亚中仁联盟海洋运动提供）

图 3—3—3　水肺潜水（图片由三亚中仁联盟海洋运动提供）

（四）休闲潜水的基本技术

休闲潜水的基本技术包括：入水前的准备工作，入水的姿势，呼吸管和调节器的使用方法，水面休息方法，紧急情况处理，等等。

1. **准备工作**：自己亲自检查装备功能是否正常，同伴间再相互检查一遍。

2. **入水的姿势**：正面直立跳水——水深需在 1.5 米以上，双脚前后开立，一手按住面罩，一手按空气筒背带。

3. **呼吸管和调节器的使用**：正确使用调节器、呼吸管，使行驶速度适中，呼吸均匀。

（五）休闲潜水的装备

要潜水就会需要用到潜水装备，简单来说，潜水装备可以分为轻装备和重装备两类。

1. 轻装备指的是面镜、呼吸管和脚蹼——潜水三宝，你在浮潜时有这几件装备就可以了。

（1）**面镜**。水底世界的窗口，尝试在水中睁开眼睛，能看见的只是一片模糊的景象，这是因为水的密度比空气大，光线到了水中会有折射。而眼睛的焦距是根据空气中的光线来调节的，因此，面镜使你的眼前保留了空腔，让你有清晰的视线。面镜与游泳眼镜最大的不同在于前者不仅罩着眼睛还罩着鼻子，这是因为潜水时为了防止挤压，需要平衡鼻腔内的压力，所以游泳眼镜不能用于潜水。一般的面镜由强化的安全玻璃镜片、贴合脸型的橡胶或硅胶群边及可固定位置的调整头带组成。测试面镜合适与否，只要将面镜轻轻放在脸上（不必戴上头带），然后用鼻子吸气，合适的面镜会紧贴在脸上直到你呼气。还有一点需要注意的是，要确定你能轻易地在面镜外捏住鼻子。面镜的样式多种多样，有单片镜片、两片镜片和多片镜片很多种，通常只有两片镜片的款式配有可矫正视力的镜片。

（2）**呼吸管**。使用呼吸管的原因有三：当你在水面休息或游泳时，你的脸在水中向下看或找东西时，你可以通过呼吸管呼吸以减少气瓶中空气的消耗。第二，当水面有风浪时，可以利用呼吸管的管口高度通常高于波浪高度而避免让水涌进嘴里。第三，如果你在远离船只或岸边的地方出水，而气瓶中的空气又所剩无几，呼吸管能使你较轻松地游回船上或岸上，你的脸可以自然地放在水中。而在浮潜时，呼吸管更是必需的装备，你可以不用抬头在水里待上整整一天。一般的呼吸管设计是一端开口，另一端是有咬嘴的弯管。呼吸管的上半部（管身）通常是半硬的塑料管，下半部的咬嘴多由硅胶制成。一个合适的呼吸管要有适当的曲度（适合你自己的脸型），内径 2 厘米左右，长度 30—35 厘米。合适的呼吸管除了舒适外还要呼吸容易。试用时，可以将咬嘴放在嘴唇与牙齿之间，将管身靠在左耳前，咬嘴应该合适舒服，不会擦伤嘴部或造成下巴疲劳，并且，含在嘴里是平直的。

（3）**脚蹼**。提供强大的前进动力。脚蹼宽大的面积能提供给你强大的动力，使你不必靠划动双手以产生动力，使得双手能解放出来从事其他工作。脚蹼主要分为无跟和套脚型两种。套脚型脚蹼一般用于温暖水域或浮潜。无跟脚蹼要与潜水靴一起使用。大而坚硬的脚蹼使用起来速度快，但容易疲劳和抽筋；小而柔软的脚蹼缺少推动的力量。

2. 水肺潜水则需要有重装备，指的是浮力调节装置（BC）、呼吸调节器、潜水仪表、气瓶等。潜水装备有无数的款式和颜色，你可以根据潜水的形式、目的、自己的喜好和身体特点来选择不同特性的装备。

五、潜水运动的注意事项

（一）基本原则

1. 身体及精神均须在最好的状态；
2. 检查装备情况，状况良好方可使用；
3. 遵守潜伴制，避免单独潜水；
4. 水肺潜水过程中不要屏气；

5. 上升过程中的速度不能超过每分钟 18 米；

6. 勿使用耳塞，在耳内感到疼痛前，须使耳压平衡；

7. 遵守潜水深度限制，尽量避免深度超过 30 米（100 英尺），绝不可超过 39 米；

8. 水肺潜水须保持普通、正常的呼吸。

（二）二人同行应注意

1. 两人从入水到上岸，都必须保持在一起（同进出）。

2. 技术佳者（教练）不可任由同伴独自上岸。

3. 游在前方者（技术佳者），须常常回头看同伴之状况，并配合其体力技术放慢速度。

4. 游在后方者（初学者），要保持在同伴的斜后方。

第四节 高尔夫运动

一、高尔夫运动的起源

一直以来关于高尔夫起源的说法可谓众说纷纭，直至今天也没有一个确切的说法。而当今最具有说服力的应属苏格兰起源说，在此结合高尔夫历史的发展，系统地总结了关于高尔夫起源的几种说法。

（一）荷兰起源说

荷兰人一直都不认同高尔夫起源于苏格兰的说法，他们认为最早的高尔夫是起源于荷兰的。荷兰人把一个名叫"kolven"的古老运动（最早出现在苏格兰地区的一种球类运动，类似于现代高尔夫球，所以，也有人称高尔夫球为"KOLF"）称为最早的高尔夫，而且他们认为这个运动是通过两国的商品贸易传进苏格兰的。但是，很多人并不认同这种说法。反对者指出："kolven"是一种室内运动，而高尔夫是一种户外运动，这是两者最基本最本质的区别！而且，"kolven"运动所使用的球要比一般的高尔夫球大，球杆要比高尔夫球杆重，更重要的是这项运动所使用的杆是没有角度的！所以，人们并不认同高尔夫起源于荷兰的说法。

（二）苏格兰起源说

流传最广的一种说法是古时的一位苏格兰牧人在放牧时，偶然用一根棍子将一颗圆石击入野兔子洞中，从中得到启发，发明了后来称为高尔夫球的运动。因此，高尔夫这个词最早出现在14世纪苏格兰议会中的文件中。

这是唯一一个有议会文件记录的说法，而且得到了世界大部分高尔夫热爱者的认同。其中圣安德鲁斯球场被认为是高尔夫的圣地！每一个高尔夫球手最大的愿望就是能亲身在圣安德鲁斯球场打一场高尔夫球。它还是高尔夫规则的制定机构，所有的大型比赛规则都必须符合它的基本要求。苏格兰起源说是最权威最有说服力的一种说法！

（三）中国起源说

公元前二三百年时，中国有种被形象地称为“捶丸”的球戏，而公元前27年至公元395年的古罗马有一种以木杆击打用羽毛充塞制成的球的游戏。

相传在唐朝，皇室有一种类似高尔夫运动的游戏，叫“捶丸”。它被描述为：在走路的过程中用棍子击球的运动。（捶丸，来源于唐代的“步打球”，与现代曲棍球十分相似。但到了宋朝，步打球由原来的对抗性竞赛逐渐演变为非对抗性比赛，取消了球门，改用球穴，球进穴得一分。竞赛形式变了，名称也随之改变了，叫“捶丸”。“捶”即击，“丸”即球）之所以有这样的说法是因为在我国至今仍保存着关于这种运动的壁画。这也是高尔夫起源于中国的唯一证据！

（四）其他说法

关于高尔夫起源的其他说法多不胜数，但都没有确切的证据。其中包括英国的一项叫“cambuca”的古老运动，这是因为在英国某著名的大教堂中有一个手执球杆的雕塑。还有就是古罗马的一种叫“paganica”的以木杆击打用羽毛充塞制成的球的古老游戏，以及法国的叫“jeudemail”的运动，但是这项运动与现今高尔夫唯一不同的是它没有球洞！这些关于高尔夫起源的说法，只不过是一种和高尔夫运动相似的古老的游戏，他们与当代高尔夫有着质的区别！

二、高尔夫名称的由来

高尔夫是从英文名称GOLF音译而来：

- G：Green，代表绿色，
- O：Oxygen，代表氧气，
- L：Light，代表阳光，
- F：Friendship，代表友谊。

三、高尔夫的特点

（一）高尔夫球运动的第一个特点：它是一项植根于大自然又最亲近与爱护大自然的运动。是一项融于自然，健康怡人的休闲运动；当你走进绿草如茵的球场，群树环抱，小溪潺潺，舒身挥杆，仰望银球划空，不禁令人心旷神怡。

（二）高尔夫球运动的第二个特点：是世界最受欢迎的五大运动之一。（其他四项运动是足球，篮球，网球，方程式赛车）

（三）高尔夫球运动的第三个特点：是适合各种性别、年龄、体态、体能状况者的运动项目。

（四）高尔夫球运动的第四个特点：是所有竞技体育项目中以选手自身为对手的特征最突出的运动项目。

（五）高尔夫球运动的第五个特点：是运动创伤最少的项目。高尔夫是一项十分强调传统性的讲文明重礼貌的运动，也是一项对打球者文化素质要求较高的运动。没有任何一项运动可以像高尔夫这样做到选手与观众同乐，选手与观众同行。体育是一种文化现象。高尔夫的种种超凡脱俗的特点使它成为一种讲求文化含量的竞技与娱乐，从而造就了高尔夫文化和具备高尔夫文化特质的人。享有“绅士运动”美称的高尔夫代表着优雅、开放、休闲和友谊，它赋予人们的是生活中最美好的东西，同时，绿草如茵的比赛场地也会令每位参赛选手心旷神怡。

四、高尔夫运动的基本技术

高尔夫的基本技巧包括握杆、站位、击远距离球、击近距离球、梁岭击球，此外还有打上坡球、、下坡球、深草球、草垛球、绕树球、土地球、逆风球、顺风球等。握杆和挥杆是高尔夫运动的两大技巧，每一项都包含着不少的精微细小之处。

（一）握　杆

握杆是打高尔夫的第一步，一般的握杆都是握在杆柄末端约一厘米处，用手掌包住杆柄。常见的握杆方法有棒球握法、互锁式握法和重叠式握法三种。棒球式握法较适合初学者或力量稍弱者，此种握法是用十根手指全部握紧杆身，故又称为自然式握法。握杆原则：不宜将整个杆柄没在掌心，以免减弱握杆力量；不宜握得过紧，而应在击球一瞬间发力；双手不宜分开太远以免握杆不稳；双手不宜将杆身包得过紧，以免影响下一个动作。

（二）挥　杆

广义的挥杆包括挥杆动作本身，还包括挥杆前的站位、瞄球等技术细节。站立的方式依地形而定，方式分为方正站立、内靠站立、外开站立三种。双脚与击球方向呈平行的站姿叫方正站立，较适合初学者使用。此外击球的整个过程有四个环节，即：摇摆—起杆—上杆—下杆。

五、高尔夫选手身体训练

高尔夫运动是一项休闲运动，运动多以走步和击球为主。高尔夫运动时间长，一般练习时间为3—4 小时。由于高尔夫球场面积大、击球次数多、挥杆动作对球手体能要求高。高水平球手挥杆速度快，没有良好的爆发力和力量训练是不可能胜任的。因此高尔夫球手必须在全面发展运动素质的基础上，重点提高专项技术、速度、力量和柔韧素质训练。

（一）力量训练

高尔夫球手一般力量训练重点发展上肢力量，在这里谈及的是发展上肢力量的方法。可以用哑铃、杠铃以及橡皮条等发展力量素质，运动实践中，可以采用不同的重量和不同的练习次数。以下采用的练习方法和内容可以自己选择两种进行练习，一种重复三组，一次完成各个内容。

1. 哑铃练习

（1）持铃推举练习 10—15 次一组，每次三组

（2）持铃屈臂练习 10—15 次一组，每次三组

（3）持铃侧平举练习 10—15 次一组，每次三组

（4）持铃摆臂练习 10—15 次一组，每次三组

（5）持铃扩胸练习 10—15 次一组，每次三组

2. 杠铃练习

（1）卧推练习 10—15 次一组，每次三组

（2）臂屈伸练习 10—15 次一组，每次三组

（3）前后分腿跳挺举练习 10—15 次一组，每次三组

3. 拉橡皮带阻力练习

（1）前臂屈伸练习 10—15 次一组，每次三组

（2）直臂摆动练习 10—15 次一组，每次三组

（3）手腕屈伸练习 10—15 次一组，每次三组

（4）挥杆练习 10—15 次一组，每次三组

4. 其他练习

（1）俯卧撑练习 15—20 次一组，每次三组

（2）仰卧撑练习 15—20 次一组，每次三组

（3）引体向上练习 15—20 次一组，每次三组

力量练习后应该进行专业化力量训练，发展专项力量。练习时应该注意：（1）由于木杆是挥杆中最轻的，需要加速力量，力量训练要抓住这个特点；（2）进行力量练习时动作幅度要大，并配合伸展性柔韧练习；（3）要注意侧重发展手臂力量，以挥杆动作为中心，强化手臂和手腕、背部和腹部的肌肉力量，同时通过打网球、壁球等其他运动锻炼。

（二）速度训练

1. 专项速度练习的方法

（1）徒手模仿挥杆练习 15—20 次一组，每次三组

（2）快速挥杆练习 15—20 次一组，每次三组

（3）橡皮带快速挥杆练习 15—20 次一组，每次三组

（4）哑铃快速摆臂练习 15—20 次一组，每次三组

2. 一般速度素质练习方法

（1）20 秒手臂摆动练习为一组，每次三组

（2）50 米短跑练习为一组，每次三组

（3）20 秒原地高抬腿练习为一组，每次三组

（4）20 秒原地小步跑练习为一组，每次三组

（三）耐力训练

1. 专项耐力素质练习

（1）多次击球练习：采用规定时间或规定球数进行练习。

（2）超量实战比赛练习：规定比赛洞数或增加比赛局数。

（3）综合性体能练习：将几个发展不同素质的练习结合起来，形成一组练习。由于各个练习的目的不同，对发展综合体能具有积极

作用。

2. 一般耐力训练

（1）1000—2000米跑

（2）越野跑：要求计时或计程跑。

（3）跳绳练习：5—10分钟

（4）100米弓箭步练习。

（四）柔韧训练

柔韧素质是指人体各个关节活动的幅度和肌肉、韧带的伸展能力。高尔夫球手应该具有良好的腰部、背部、肩部、胸部韧带。

1. 专项柔韧练习主要针对上肢柔韧性训练

（1）肩部韧带练习：压肩、拉肩

（2）肘关节韧带练习：颈部后拉肘

（3）发展腕关节练习：腕绕环，推压手掌

（4）发展腰部韧带练习：体转练习、“桥”

2. 一般柔韧练习

（1）下叉

（2）压腿

六、高尔夫比赛分类

高尔夫运动竞技有业余赛和职业个人赛、团体赛、老年赛和青少年赛。世界上最著名的四大高尔夫赛为英国公开赛（Br－itish Open）、美国公开赛（US Open）、美国名人赛（US Masters）、美国职业高尔夫球协会锦标赛（US PGA Championship）。赢得此四项赛事冠军在高尔夫球界被称为“大满贯”（Grand Slam）。世界高尔夫排名前十名运动员列表如下：

表 3—4—1　世界高尔夫排名前十名运动员列表

排名	上期排名	姓名	得分	总分	失分
1	1	Rory，McIlroy	13.61	639.72	-345，86
2	2	卢克-唐纳德	8.96	457.13	-430，10
3	3	泰格-伍兹	8.78	351.24	-162，31
4	4	贾斯汀-罗斯	6.60	343.36	-200，30
5	7	亚当-斯科特	6.42	269.50	-203，83
6	5	路易-乌修仁	6.29	326.88	-171，40
7	6	李-维斯特伍德	6.26	325.45	-308，87
8	8	巴巴-沃生	5.49	269.09	-203，92
9	9	詹森，杜夫纳	5.46	278.44	-150，16
10	10	布兰德-斯勒德克尔	5.41	281.09	-153，44

七、高尔夫比赛规则简介

标准高尔夫球场为 18 个球洞。1—9 号洞为上半场，10—18 号洞为下半场。有步行背球袋打球，也可推球袋车、开球车打球。打球时，以组为单位，每组不能超过 4 人。通常先从 1 号洞发球台发球，以最少的击球数将球击入 1 号洞果岭上的洞杯，依次按顺序打完 18 个洞。在打球的过程中，球员相互间无身体接触、对抗，自己打自己的球。所谓比杆赛，就是将每一洞的杆数累计起来，待打完一场（十八洞）后，把全部杆数加起来，以总杆数来评定胜负。比洞赛亦是以杆数为基础，然其不同处在于比洞赛是以每洞之杆数决定该洞之胜负，每场再以累积之胜负洞数来裁定成绩。具体细则如下：

（一）**开球**：应该在两个梯台标记之间（而不是之前）开球；可以在两个梯台标记之后两杆开球。如果是比洞赛，没有惩罚。但对手可以要求你重新开球，前提是他必须立即提出要求；如果是比杆赛，将被罚两杆，并在正确开球区域内重新开球。

（二）**打球**：如果你认为一个球是自己的，但是却无法看见球上的识别标记，你可以在知会你的记分员或对手后，将球的位置进行标记并将球进行辨认；在球的现有状态下打球。不要通过以下方式改变球的现有状态：移动、压弯或折断任何固定物或者生长物；如果你的球在沙滩或水障碍内，不要在向下挥杆之前以手或者球杆处碰地面或者水面，移动散置障碍物；如果你打错球，在比洞赛中，你本洞判负；在比杆赛中，你将被罚两杆，并打正确的球以改正错误。

（三）**在推杆果岭上**：你可以标记、捡起和擦拭你的球，并将球放回原位；修补球痕迹和旧球洞埋迹，但不能修补其他损伤，如鞋痕迹；在果岭上击球时，应该确保旗杆已经被移除或有人照管。球不在果岭上时，旗杆也被移除或请人照管。

（四）**判断处理**：界外（OB）："界外"系禁止打球之地区，常以界桩或围篱标示。界外之界限应以界桩（不含支架）或围篱内侧最靠近地面点决定。如在地上以标线标示界外时，界外线系垂直向上向下延伸，且线之本身即作界外论。

1. 遗失球。下列情况即可认定为"遗失球"：

（1）球员或其同队，或彼等之杆弟在开始找球后五分钟，仍找不到球；或是虽经找到，但球员无法辨认是否为其所用之球。

（2）球员按规则已用另一球当作比赛球，而未寻找其原球。

（3）球员已自可能为原球所在地，或较原球位靠球洞之点击出代替球，因此该代替球即成为比赛球。代替球原球可能在水障碍以外遗失、出界而以代替之球，称为"代替球"。

2. 如球落入、触及或遗失在水障碍中（不管球是否位于水中），球员要受一杆之处罚，并依下列方法处理：

水障碍（包括侧面水障碍）。"水障碍"系指海、湖、池塘、河川、沟渠、地面排水沟或其他露天水渠（不论其中有无积水），以及其他类似者。

凡在水障碍界限内之陆地或水、地属于水障碍的部分。水障碍之界限系垂直向上延伸，用以标明界限所用的界桩、界标皆算在障碍内。水障碍（除侧面水障碍外）应以黄色界桩或标线标明界限；侧面水障碍则是以红色界桩或标线以界定（注：台风球场的水池皆用侧面水障碍之规则，以红色界桩界定）。

水障碍中的球。向水障碍方向打出之球，是否在障碍以内或障碍以外遗失，乃是一项涉及事实的问题。如认为系障碍内遗失者，必须有之证据证明球确实落入障碍内；如无确定之证据时，则应视为遗失球，按规则处理之。

（1）尽可能在接近上次击球之原位打次一杆。

（2）在原球最后通过该水障碍边缘之一点与球间之直线，于水障碍后方抛球，至于应离水障碍后方多远处抛球并无限制。

八、高尔夫球场

高尔夫球场可以用风景如画来形容，一般的，高尔夫球场都是利用了自然起伏的地形规划、设计出来的。

（一）**标准场地**：标准球场长在5943.6—6400.8米之间，占地达60公顷，四周大部分有界限。球场上一般设有18个洞穴，每穴深10.2厘米，直径10.8厘米，穴间距在91.44—548.64米之间，长短不等。穴间沿途有粗糙不平的地形和沙洼地、水沟等障碍。

图3—4—1　高尔夫球场（图片由北京万柳高尔夫俱乐部有限公司提供）

（二）“凯曼”高尔夫球场：因起源于英国的凯曼岛而得名。这种球场所用的球比一般的球轻，飞行距离仅为标准高尔夫球的一半，球场的长度仅相当于现行规则规定球场的一半长度，球道的宽度也比标准球场窄。此球场可以大大减少球场用地。由于球飞行的距离缩短，球偏离正确方向的距离会缩短。

（三）高尔夫练习场：由于高尔夫球场占地面积很大，且一般比赛中仅供2—4 人使用，因此，高尔夫练习场应运而生。高尔夫练习馆被金属网罩住，以防止高尔夫打出练习场地。高尔夫练习场地一般长度约为 270—350 米、宽度约为 90—180 米，总面积为 2. 8—5. 7 万平方米。练习场的表面一般相对水平，保持在 1%—3% 的倾斜度，以利用地表多余水分的速度排除和重新找到高尔夫球。练习场为能容纳多人同时练球，把开球草坪向两边延长并呈凹形弧面，这样几人甚至几十人可以同时互不干扰地挥球。有些练习场有几层凹形面开球草坪，可以供上百人练习。

图 3—4—2　高尔夫球练习场（图片由北京万柳高尔夫俱乐部有限公司提供）

（四）**微型高尔夫球场**：微型高尔夫球场占地面积很少，利用平地、屋顶都可以建造。特别小型面积约300平方米，普通小型面积为600—1000平方米，总之球场占地面积可大可小，根据具体条件来定。小型球场上只设9洞，有些大一点的则有27洞和36洞。洞数量的多寡，表明了球场的规模。球道可设置木制、石条或土丘等障碍物，球洞周围可设小型沙坑或卵石坑，以增加进洞的难度，增添挥杆的乐趣。

（五）**高尔夫球模拟系统**：利用电脑模拟高尔夫球运动，使球手感觉置身于高尔夫球环境中，享受现代空间的乐趣。约有100平方米的室内空间，例如，在休闲俱乐部、高级宾馆、度假村、私人会所以及游乐场等均可以设置高尔夫球模拟系统，此系统设备便于移动，易于安装，并可带给室内田园景色，增强室内环境空间感、自然感。同时高尔夫球模拟系统采用计算机软件控制，使室内高尔夫球训练科学化、手段多样化，增加了球手的训练兴趣。一般分为普通型和豪华型。

图3—4—3　高尔夫模拟系统（最高端摄像头高速摄像高尔夫）

（图片由北京鹰搏蓝天科技有限公司提供）

图 3—4—4　高尔夫模拟系统（图片由北京鹰搏蓝天科技有限公司提供）

九、高尔夫运动装备

打高尔夫球所需的装备包括球、球杆、球座、球杆袋、球鞋、球帽、手套和服装等。

（一）球：高尔夫球为白色（也有红色，橙色），实心（分为单层，双层，三层，多为业余选手使用；职业选手多用内层为缠绕式的空心球），质地坚硬，富有弹性，表面按照不同方式排列着凹坑。高尔夫球的直径为 4.11—4.27 厘米，重量为 45.93 克，标准球速为75 米/秒。

（二）球杆：球杆由杆头、杆身和握把三部分组成，长度在 0.91—1.29 米之间。根据击球的不同要求，每个选手最多可带 14 根各种类型的球杆进场，最好的配置如下：4 根木杆、9 根铁杆和 1 根推杆。对初学者而言，只要取其中的奇数杆就足够了。木杆：多以柿木制成，适用于在球道上击出 250 至 175 码的球。依照长度和杆夹斜面的角度可分为 1—5 个型号，号数越小，长度越大，球也打得越高越远。木杆多在发球区使用，最常用的有 1、3、4、5 号杆，对初学者而言，3 号杆较为适用。铁杆：铁杆以软铁制作杆头，比木杆稍薄、小（2—9 号），适用于在球道上击出 175—110 码的球，主要用来控制短距离打击，铁杆可粗略分为长、中、短三类，长杆便于对方向性的把握；中杆易于挥动，便于把握，适合初学者；短杆适用于在困难位置击球。推杆：杆头也是由软铁制成，主要用于在果岭上推球入洞。推杆可分为 T 型、L 型和 D 型，杆面平直是它们共同的特点。劈起杆：适用于在复杂地形如坡路、小坑上击球。沙杆：用于击打沙地上的球。

十、高尔夫运动礼仪

打高尔夫球是一项很绅士的运动，非常注重球场上的礼仪风范。需要注意以下几点：

（一）挥杆时不要连带击起地上的石块等异物，以免伤人。

（二）挥杆不要太慢，打完一洞应立即离开，以免妨碍他人。

（三）别人击球时，不要随便走动说话，或站在挥杆者身旁，以免影响他人。

（四）爱护草场草皮，击球后应立即修复并向下压实。

所有这些简单的举动都体现着这项运动所推崇的绅士风范，也是维持和营造一个良好、和谐、舒畅的环境和氛围所必需的礼仪。

第五节　轮　滑

一、轮滑的起源与发展

轮滑（Roller skating）又称滚轴溜冰、滑旱冰，是穿着带滚轮的特制鞋在坚硬的场地上滑行的运动。轮滑运动是从滑冰运动过渡而来的，据有关资料记载，早期的轮滑是在 18 世纪由不知名的荷兰人发明的，最初这位荷兰的滑冰运动员，为了在不结冰的季节继续训练，尝试把木线轴安在皮鞋下，试图在平坦的地面上滑行，他的实验在不断失败和改进后终于取得成功，创造了用轮子鞋“滑冰”的历史，从此轮滑运动在欧洲诞生、兴起并得到了较快的发展。

今日多数的滚轴溜冰者主要都使用直排轮，又称刷刷（直排旱冰爱好者对这项运动的别称，来源于溜冰中轮子和地面摩擦时所发出的声音，同时也称溜冰鞋为“刷子”，称在马路上溜冰为“刷街”）。因此直排轮也几乎成为轮滑运动的代名词。1819 年，M. Peitibled 于法国发明专利中记载了第一双单排滑轮鞋，那双鞋的构造是由 2—3 个轮子组成一直线，但是这一构想却未达到预期的“流行”，以不了了之收场。

图 3—5—1　轮滑

1823 年伦敦，Robert John 设计了一双溜冰鞋称它为“rolito”，放置五个轮子成一排地在一双鞋的底部。1863 年，美国的 Plimpton 提出一双有四轮的溜冰鞋且轮子是并排，溜冰鞋允许转弯、前进和后退。也就是最传统的溜冰鞋！1879 年，英国成立了滑冰协会，4 年后，轮滑运动也隶属于该会管辖。1884 年英国首次举行了全国轮滑竞标赛。1892 年 4 月 1 日，国际轮滑联盟在瑞士成立，使得轮滑运动向正规化、国际化发展。1980 年，明尼苏达州两位热爱冰上曲棍球的兄弟，为了在球季之余能够继续练习，便将轮子装在刀底座之内，产生了第一双单排轮滑鞋。这种轮子排列成一条直线的溜冰鞋正式的学名为 In - Line Skate，这就成为今天单排轮滑的正式名称。1984 年，Rollerblade Inc 开始研发各种不同用途之轮滑鞋。ROLLERBLADE 一直是国际飞轮业界领导品牌，1994 更把 ABT 简易煞车系统带入市场，就是我们今天看到的单排轮滑。单排轮滑运动，不单只限于曲棍球运动员，更成为一种时尚休闲运动风行世界各地。1995 年，ESPN 第一届极限运动更把特技单排轮滑运动（Aggressive In - line Skate）推向了全世界！特技单排轮滑运动起源于美国，其特技鞋也不同于普通单排轮滑，是在单排轮滑附加了许多配件。

二、轮滑的分类与竞赛

1. **速滑**：以单排、双排轮滑鞋为比赛工具的竞赛项目，分场地跑道比赛和公路比赛两种。世界锦标赛场地跑道正式比赛距离为男子 1000 米、5000 米、10000 米、20000 米 4 项，女子 500 米、3000 米、5000 米 3 项；公路比赛包括女子 21 千米半程马拉松赛、男子 42 千米马拉松赛。场地跑道像自行车场一样呈盆形。

2. **花样轮滑**：分为规定图形滑、自由滑、双人滑和双人舞 4 个项目。比赛在不小于 50 米长、25 米宽的场地上进行。参赛各队每项比赛可以参加 3 人，男女总计 12 人。根据动作的难易程度、舞姿的优美程度打分确定胜方。

3. **轮滑球**：看上去像是冰球和曲棍球的结合体，打法同冰球打法相似，比赛两队各上场 5 人，其中 1 名为守门员。运动员脚穿轮滑鞋，手执长 91—114 厘米的木制球杆在一块长 22 米，宽 12.35 米的长方形水泥质或花岗石制成的硬质地面球场上进行比赛。运动员可以传球、运球，通过配合把球攻入对方球门得 1 分，得分多者为优胜队。球门高 1.05 米，宽 1.54 米，分置于球场两端线的中间。比赛用球形如棒球，重量为 155.925 克。每场比赛分两局进行，每局 20 分钟。

4. **极限轮滑**：利用 U 形台、滑竿等做各种各样的惊险、复杂技巧表演动作，分街道赛和半管赛，它也是轮滑竞技项目中最吸引人的一项。

5. **休闲轮滑**：以休闲健身为目的，穿着单排轮滑鞋，在各种场地、环境中无拘无束进行各种滑法，最主要的活动是“刷街”，慢慢滑行，浏览着街景，沐浴着阳光，呼吸着新鲜空气，身心放松。

6. **自由式轮滑**：其中最有代表性的就是过桩（Salomon）的平地花式。不同于花样轮滑（一般是指双排轮滑），平地花式讲究过桩的足部花式技巧，同时也要有全身性的节奏感，具有非常高的观赏性。自由式还包括双人绕桩。

图 3—5—2　自由轮滑

三、轮滑的文化属性

1. **娱乐性**：轮滑有很强的娱乐性和趣味性，通过这项运动，可使人们从平时紧张、繁重的学习和工作中解脱出来，达到身心放松的目的。

2. **健身性**：轮滑是一项全身性运动，它能促进心脑血管系统和呼吸系统机能的改善和代谢作用的加强，能增强臂、腿、腰、腹等肌肉的力量和身体各个关节的灵活性，特别是对人掌握平衡能力上有很大作用。

3. **实用性**：除了上述两个特性外，轮滑还具有很多体育项目所不具备的一个特性，就是它还可以被当成交通工具。一般情况下，在平整的路面上，轮滑都可以代步成为交通工具。在交通越来越拥挤的今天，轮滑不啻为一种流行和时髦的交通工具。不过，在你滑着轮滑穿梭于车来人往的大街上时，一定要注意交通安全。

图 3—5—3　校园轮滑社团

第六节　街头篮球

一个用铁丝网圈出来的球场，一颗球，一个旧篮筐，没有网，只有无止境的热情。老旧的皮球在地面跳跃，求胜的渴望向空中高飞，充斥着垃圾站和震耳欲聋的音乐，这就是篮球的本质——街头篮球。

——一位热爱街头篮球的网友的话

一、街头篮球简介

街头篮球，又名“街球”，是基于正规篮球基础之上，又不同于正规篮球的一种篮球打法。作为街头篮球的始作俑者，20 世纪 50 年代的美国黑人最初只是在自家的后院或搭建一个简陋的篮球架和用不知何种材料制成的篮球作为无所事事时的消遣。

到了 70 年代，由于生活的窘迫和对政府的不满加上与生俱来的音乐天赋，一种被称之为 HIPHOP 的自由、创意的风格逐渐形成，并且迅速从黑人贫民区向全美散播开来。其主要元素包括：Hiphopdance（街舞）、Rap（说唱）、Graffiti（涂鸦）和 DJ（打碟）。

街头篮球对场地和人员配置的要求不高，可以是三对三，也可以是四对四，组合随意；几个年轻人找一个有篮球架（没有篮球架的话，找个篮筐挂在高处也可）的地方“秀”一下篮球技法——人数无所谓、防守无须太严、胜负不太在意，只享受将篮球“玩”在股掌间的乐趣。每个优秀的街球玩家都有自己独特的风格和技巧来赢得观众的赞同和尊重，他们使街头篮球更具有观赏性与娱乐性。如果你能亲眼看他们打球，你就会真正明白街头篮球不仅仅是一种运动，而是一种艺术。这些优秀的街球手们也被称之为“忽客”。

因为是“街头文化”的一部分，和 Rap、hiphopdance 一样，街球很明显的一个特征就是参与者（忽客）的形象——宽大的衣裤、夸张的头饰和发型、配上嚼着口香糖的、一副无所谓的表情——很是帅气！这就是街球！

二、街头篮球的文化特征

“街球”是传统篮球比赛的一种延伸，除了具有篮球运动的竞争性、趣味性、健身性等一般特征外，还具有众多自身独有的特点。

（一）宽松的比赛条件

与传统的中规中矩的竞技篮球比赛不同，“街球”对场地的要求十分宽松，只要在城市广场或者街边开阔地划出半个篮球场大小的平坦地带，再竖上一个篮球架，有几个好友凑在一起，就可以进行比赛。传统竞技篮球在比赛规则上有诸多的规定，而“街球”比赛规则大家可以临时商定，例如在判别胜负的时候，参与者可以采用一局十球制，即哪个队伍先打进十个球就算赢。“街球”的比赛规则相对简单，对犯规、违例的判定比较容易，在进行“街球”比赛的时候甚至不需要裁判，球员完全可以凭借自己对篮球规则的理解进行相互监督。

（二）淡化的比赛结果

传统的篮球比赛更加重视比分的重要性，竞技性过强，这就大大降低了比赛的表演性和观赏性，影响了球员的个性化自由发挥。“街球”则不然，“街球”不需要正规的场地，不需要凑足人数，其判定输赢的标准弱化了得分的概念。“街球”淡化了最终的胜负结果，使得参与者有足够的精力专注于技术的协调性和柔韧性，在运动过程中发展参与者的创造能力和实际应变能力。这样每个参与者都能够实实在在地表达自己对篮球的热爱，在球场上每个人都可以随心所欲地展现自己的动作，没有任何条条框框的约束，只要能够创造出高难度的动作就会赢得人们的喝彩。

（三）个性的充分展示

在“街球”场上，每个参与者都可以尽情地展现自我个性，在这里没有各种循规蹈矩的限制，有的只是激情和灵感的释放。热情、奔放、动感、洒脱、时尚、张扬是“街球”的个性，“街球”成为表达内心灵魂的最好方式。每个人都可以任意发挥能够想象到的篮球动作，没有什么能够阻挡自我个性的尽情发挥，要做的就是创造出更酷、更具个性的动作。在“街球”场上，参与者的动作变成了舞蹈，而他们就是球场上的舞者。这样篮球变成了艺术，再加上那无边际的个性动作和令人炫目的球技，“街球”的巨大魅力与诱惑令人难以抗拒。

图 3—6—1 街头篮球

三、街头篮球的流派

街头篮球运动至今已有 30 年以上的历史，因为其观赏性、潮流性而风靡了整个世界，颠覆了篮球这项运动。在传播的过程中，街头篮球的风格、对战技巧、玩转方式发生了很多变化，我们将它分为两派：Old Style（简称 OS 即老式风格）与 New Style（简称 NS 即新式风格）。它们有着很大的区别。

（一）OS 风格

主要流行于美国本土黑人地区。OS 的重点在于以实战技巧、突破得分为主，花式、耍人为辅。并且花式的动作多比较老套，例如以手指转球、手臂转球等老式动作为主要动作。出名的代表队有美国的 AND1。像我国几年前的兔子、泽北等人，是 OS 风格的奠基人。

（二）NS 风格

主要流行于加拿大、中国、日本等一些国家，NS 的风格以令人眼花缭乱的花式动作、大张旗鼓地耍人动作为主要目的，得分、实战为辅。一些球场上得分极少的人，可能会把 NS 花式耍得炉火纯青。NS 的风格注重于表演，花式方式与 OS 完全不一样，动作花哨、极少数重复，并且 NS 风格十分注重创新能力，不断的创造摸索新动作是 NS 的实质。著名的 NS 队伍、加拿大的 DIME 团体是 NS 风格的开山鼻祖。国内比较有名的队伍例如重庆的 T. X，DED 等，都是十分强力的 NS 队伍。上海的 tru sauce 是国内最具知名度的 NS 先锋。

四、街头篮球的组成要素

（一）团　队

团队是街头篮球的第一要素，首先需要有团队成员，其次是具备团队合作精神，在一起能够有熟练的、默契的配合，是街头篮球制胜的第一要素。伙伴之间具有协调和配合能力，才能在比赛中取得成功。

（二）场　地

街头篮球是贫民窟出来的运动，一个用铁丝网圈出来的球场，一个没有网的旧篮筐，加上一只球，这就是最本质的街头篮球。场地并不需要是规范的比赛场地，只要能够有跑动的几十米空地和一个旧的篮球筐，就可以了。在街头巷尾，在社区公园，我们随处可见街头篮球的身影，这就是他们的乐园。

（三）街舞基础

街头篮球的表演性主要体现在具有街舞的舞蹈动作上，随着 hip - hop 动感的音乐，身体舞动，玩转篮球的同时体现舞蹈技能，可见街舞基础也是街头篮球的一个重要组成因素。

（四）篮球技术

街头篮球虽然与传统篮球不同，但相同的是要具有篮球基本技术，传球，投球，移动技术都是街头篮球的基本技术，加上自己个性的、独创的玩球技术，就会成为街头篮球独特的风格。从技术角度看，前锋需要的技术最全面，无论是运球，突破上篮，还是投篮，无球移动，都相当重要。这四项最基本的篮球技术中，对前锋来说，最重要的就是运球。有人会认为运球是后卫的事情，对前锋的要求不应该那么高。其实不然，运球对提高一个前锋的整体水平有着立竿见影的效果。例如：当己方后卫控球从后场上来时，前锋一般是拉在底线外围，或是提起来挂在45度角上。如果这时候前锋运球好的话，可以通过一个简单的掩护配合从后卫手里接过球然后直接运球，这时候无论突破还是传球都会给对方造成很大的威胁，因为对方的局部防守已经被破坏了。这只是一个很普通的例子。当一个前锋的运球十分出色时，球队的战斗力将大大提升，很多战术组合都能付诸实践。此外，前锋应该多练习胯下运球（左右交替连续胯下运球，熟练后可尝试前进，后退中胯下运球），虽然在场上这招可能用处不是很大，不过多加练习后对控球感的提高极有好处，达到俗话讲的球能粘在手上的效果，也就是我们通常讲的有球感。

（五）身体素质

街头篮球是一项具有艺术与体能的运动项目，因此身体素质是必要组成，首先是身体协调性，这体现在自己与球的协调，也就是要有“球感”；其次是速度素质，这主要表现在移动技术上；此外还需要具有耐力、力量和身体节奏感，只有具有综合的素质才能把街头篮球玩得更好。

五、街头篮球在我国的发展

20世纪90年代，“街头篮球”传入中国，很快就因其自由、轻松的风格而在青少年中流行开来。在街头、公园等有篮球架的运动场地上，经常有一帮年轻人，或者进行着三对三、四对四的篮球比赛，或者切磋表演球技，时不时地玩一个过人上篮。

如今，“街球”在我国已经吸引了众多青少年，成为对我国青少年很有影响的一种运动休闲方式。随着“街球”在我国青少年中的日益风靡，各类“街球”比赛越来越受到了他们的关注，其中影响较大的包括阿迪达斯街头篮球挑战赛、耐克街头篮球争霸赛、锐步 3 +1 篮球赛等。阿迪达斯街头篮球挑战赛是目前国内“街球”篮球历史最长的赛事，自 1998 年以来，阿迪达斯街头篮球挑战赛已先后在中国的 8 个城市举行，这项一年一度的赛事成为各地球迷切磋球技的盛会。伴随着街头篮球在中国青少年中的日益普及，参加各项“街球”比赛的青少年越来越多。

1998 年，第一届阿迪达斯街头篮球挑战赛仅仅在全国 4 座城市展开，到了 2005 年比赛则拓展到了全国 8 个城市，参赛的球队多达数千支。耐克街头篮球争霸赛和锐步 3 +1 篮球赛也受到了青少年的喜爱，耐克 2005 街头篮球争霸赛在国内的 10 个城市开演，共有三千多支队伍参加了该项赛事。与全国性的街头篮球赛事一样，地区的“街球”比赛也吸引着广大青少年的参与，“2005 动感南京社区街球嘉年华”吸引了 120 多支队伍和 70 多名个人报名参与。

图 3—6—2　街头篮球

六、街头篮球的文化本质

街头篮球不仅仅是一项运动，还是一种时尚，一种文化，一种悄然影响着人们的生活态度。没有严格的规则，没有执法裁判，没有循规蹈矩的打法，甚至没有胜负，有的只是激情、灵感和自我张扬。是年轻人敢于体现自我，崇尚自由，创新未来的一种生活理念的体现。

这世界的每一个角落都有这样—种人，他们身怀绝技，狂野不羁，无时无刻不在挥洒汗水，仿佛生来就在追寻一个飞翔的梦想，就有一种跳跃的灵魂，他们就是街球手，一群将篮球溶于血脉的“精灵”！

第四章 健身俱乐部健身运动

健身俱乐部的健身运动在当下不仅是追求时尚，更重要的是获得健康，已逐渐成为人们生活中的一部分，成为生活必需品。健身俱乐部健身运动具有实用性、时尚性、广泛性、趣味性、娱乐性的特征。健身俱乐部健身运动分两种，一种是有氧运动，一种是无氧运动。有氧就是一般的健身操，瑜伽，舞蹈，动感单车之类的集体健身运动，有氧运动的特点是有利于心肺功能的提高和脂肪的燃烧，而无氧运动主要指的是力量训练，就是通过器械的手段在一个高负荷的状态下提高肌肉的力量、体积和耐力。

将健身俱乐部健身运动引入少数民族大学生健康教育，主要是通过健身房有氧和无氧运动的结合，不仅可以减少脂肪，增加肌肉力量，而且可以塑造阳光健康的形体，此外还具有提高审美视觉，提高身体协调性，提高身体柔韧性等功能。本章主要介绍瑜伽、普拉提、街舞、拉丁舞、尊巴、弗拉明戈舞、跆拳道、健美操、节奏体语等项目，通过全面介绍其起源、发展、基本技术、练习要点、注意事项，让学生科学认识和学习，把握运动规律，掌握练习技巧，提高锻炼效果。

第一节 瑜 伽

在现代社会，瑜伽已经成为一种很流行的健身项目，越来越受到大家的青睐。这不仅在于瑜伽文化的独特魅力，而且作为一种最自然、最具亲和力的练习，它适合于任何年龄段和性别的人练习。我也很喜欢瑜伽，那么让我们一起来揭开瑜伽“神秘”的面纱，去走近瑜伽、接触瑜伽、感悟和领略瑜伽吧。

一、瑜伽的起源

瑜伽源于古老的印度。五千年前，在古老的印度，高僧为求进入心神合一的最高境界，经常僻居原始森林，静坐冥想。在长时间单纯生活之后，高僧从观察生物中体悟了一些大自然法则，再从生物的生存法则，验证到人的身上，逐步地去感应身体内部的微妙变化，于是人类懂得了和自己的身体对话，从而知道探索自己的身体，开始进行健康的维护和调理以及对疾病创痛的医治。几千年的钻研归纳下来，逐步衍化出一套理论完整、确切实用的养身健身体系，这就是瑜伽。瑜伽的最终目标就是能控制自己，能驾驭身体感官以及内心。感官的集中点就是心意，能够驾驭心意，即代表能够驾驭感官；通过把感官、身体与有意识的呼吸相配合来实现对身体的控制。这些技巧不但对肌肉和骨骼的锻炼有益，也能强化神经系统、内分泌腺体和主要器官的功能，通过激发人体潜在能量来促进身体健康。

二、瑜伽的内涵

梵文瑜伽（YOGA）一词的本意是“和谐”“相应”“统一”。瑜伽有结合、联系之意，这也是瑜伽的宗旨和目的，是为了达到冥想而集中意识。

瑜伽是一门科学，同时也是一门使人们在体质、精神、道德和心灵方面修行锻炼的生活艺术。它完全不受种族、年龄、性别、宗教和信念的限制。瑜伽强调的是发展情意、和谐、博爱和平等，这不仅仅是对于不同肤色、民族、年龄和性别的人，而且还对于所有的生命。这种态度使得瑜伽思想非常明确实际，使得人们从一切精神怨愤中解脱出来，从一切由此而产生的精神、心理和生理疾病中解放出来，踏实地增加体式中的生命气息，让冥想主题特定体式与语音紧密和谐起来，从而成倍地提高生活质量。

瑜伽集修心、养性、健美、强身于一身，是人类在最原始的自然状态下创造的一种身心双修的方法。

瑜伽与哲学关系密切。从哲学的角度讲，产生过众多的流派，从哲学来讲有因明论派、胜论派、数论派、瑜伽、弥曼差派、吠檀多派。瑜伽已有数千年的历史，唯一的经典是根源自公元前200年的著名瑜伽行者——帕坛伽利所著的《瑜伽经》，是瑜伽的重要理论著作。严格来说，瑜伽是一种身心锻炼的统称，好比中国讲气功、导引，等等。瑜伽在印度也是一个身心修炼的广泛名词。有一段时期进行各种身心修炼的人不管任何派别，都被尊称为瑜伽士（Yogi），女性为Yogini。

古印度的宗教哲学派别林立，不过有两本著作被大多数印度人尊为经典，一是《奥义书》，二为《博伽梵歌》，古印度婆罗门教提倡“梵我一如”理论，由于印度教的普及，加上另一位有名的瑜伽祖师同时也是印度教祖师商卡拉的影响，这两本书也被大多数的瑜伽士奉为经典。瑜伽术本是一种身心修持术，与宗教无关，也可以说古印度任何宗教都采用。它的最高目的是实现人的一切可能，从精神（小我）与自然（梵，大我，最高意识）的合一（即“梵我一如”），一直到成佛成仙，或者其他教派所说的最高目的，瑜伽术都是被认可的途径之一。

三、瑜伽的发展史

（一）**前古典时期**：由公元前5000年开始，直到《犁俱吠陀》的出现为止，约有3000多年的时间，是瑜伽原始发展，缺少文字记载的时期，瑜伽由一个原始的哲学思想逐渐发展成为修行的法门，其中的静坐、冥想及苦行，是瑜伽修行的中心。

（二）**古典时期**：由公元前1500年《吠陀经》记载下来，到了《奥义书》，再到《伽梵歌》出现，完成了瑜伽行法与吠檀多哲学的合一，使瑜伽这一民间的修心养生实践变为正统，由强调行法到行为、信仰、知识三者并行不悖。大约在公元前300年时，印度圣哲帕坦伽利（pantanjali）创作了《瑜伽经》，印度瑜伽在其基础上真正成形，瑜伽行法正式订为八支体系（制戒；遵行；体位；呼吸控制；制感；专注；冥想；三摩地）。

（三）**后古典时期**：《瑜伽经》以后，为后古典瑜伽。主要包括《瑜伽奥义书》《密教和诃陀瑜伽》《瑜伽奥义书》，有二十一部，在这些“奥义书”中，纯粹认知，推理甚至冥想都不是达到解脱的唯一方法，它们都有必要通过苦行的修炼技术所导致的生理转化和精神体会，才能达到梵我合一的境地。因此，产生出了节食，禁欲，体位法，七轮等，加上咒语、手英身英尚师之结合，是后古典时期瑜伽的精华。19 世纪的“克须那摩却那”是现代瑜伽之父。其后的“爱恩加”和“第斯克佳”是圣王瑜伽的领导者。另外印度锡克族的“拙火瑜伽”和“湿婆阿兰达”瑜伽也是两个重要的瑜伽派别。一个练气一个练心。

四、瑜伽的种类

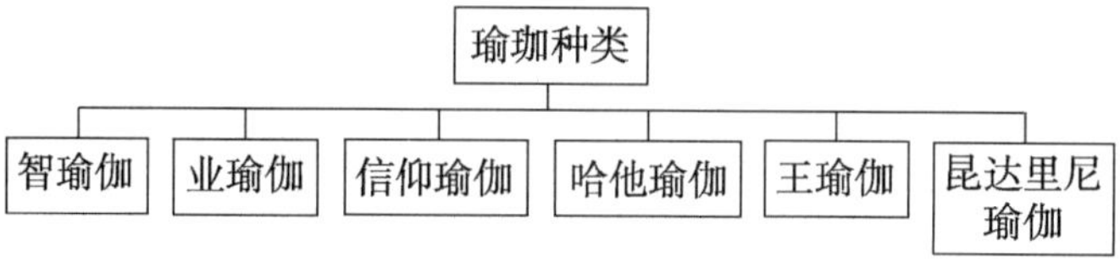

图 4—1—1　瑜伽种类示意图

（一）**智瑜伽**：提倡培养知识理念，从无明中解脱出来，达到神圣知识，以期待与梵合一。

（二）**业瑜伽**：行为是生命的第一表现，比如衣食、言谈等。它倡导将精力集中于内心世界，通过内心精神活动，引导更完善的行为。

（三）**信仰瑜伽**：专注于杜绝愚昧杂念，启发对梵的敬仰之心，以期与梵同在。信仰瑜伽认为智、业、信仰是相互联系的。

（四）**哈他瑜伽**：意为日月。它认为人体包括精神和肌体两个体系。通过调息可打破原有的骚乱，消除肌体不安定因素，停止恶性循环运动；清除体内神经系统滞障，通过庞达控制身体的能量并加以利用。

（五）**王瑜伽**：偏于意念和调息，常用莲花坐等体位法进行冥想。

（六）昆达利尼瑜伽：又称为蛇王瑜伽。它证明了人体周身存在72000条气脉，七大梵穴轮，一根主通道和一条尚未唤醒而处在休眠状态的圣蛇。通过打通气脉，使生命之气唤醒那条蛇，使他穿过所有的梵穴轮而到达体外，一旦昆达利尼蛇冲出头顶的梵穴轮，即可获得出神入化的三摩地。

五、瑜伽修持的八个阶段

（一）第一个阶段

道德规范：道德首要。没有道德任何功法都练不好。必须以德为指导，德为成功之母，德为功之源。瑜伽道德基本内容：非暴力、真实、不偷盗、节欲、无欲。这是瑜伽首先要求修持者遵守的道德规范。

（二）第二个阶段

自身的内外净化：外净化为端正行为习惯，努力美化周围环境；内净化为根绝六种恶习：欲望、愤怒、贪欲、狂乱、迷恋、恶意、嫉妒。

（三）第三个阶段

体位法：是姿势锻炼，能净化身心，保护身心，治疗身心。体位法种类不可胜数，他们分别对肌肉、消化器官、腺体、神经系统和肉体的其他组织起良好作用。不仅提高身体素质，还可以提高精神素质，使肉体、精神平衡。

（四）第四个阶段

呼吸法：是指有意识地延长吸气、屏气、呼气的时间。吸气是接受宇宙能量的动作，屏气是使宇宙能量活化，呼气是去除一切思考和情感，同时排除体内废气、浊气，使身心得到安定。

（五）第五个阶段

控制精神感觉：精神在任何时候都处于两个相反的矛盾活动中，欲望和感情相纠缠，其次是同自我相联系的活动。控制精神感觉，就是抑制欲望使感情平和下来。

（六）第六个阶段

集中意识：集中意识于一点或一件事，从而使精神安定平静。

（七）第七个阶段

冥想、静定状态：心灵状态的淡定与静谧。只有通过实际体验去加以理解，难以描述。

（八）第八个阶段

修持者进入“忘我”状态：即意识不到自己的肉体在呼吸、自我精神和智性的存在。已进入了无限广阔的宁静世界。

第一和第二阶段是思想基础，思想准备。第三和第四阶段是肉体训练，通过各种姿势训练达到祛病强身的目的。第五和第六阶段进行初步静坐修持静功。最后两个阶段，是高层次修持，进行冥想、静定阶段。

六、瑜伽的健身功能

（一）保持年轻的瑜伽姿势（Asana）　瑜伽认为衰老的原因是自体中毒（Autointoxication），即身体长年积存大量毒素，无法排出体外所致。多练习瑜伽姿势，身体会变得强壮，体内不会积存过多胆固醇和脂肪，血压恢复正常，心脏变得更健康。整体健康改善了，人自然更青春、更有活力。瑜伽的每一个姿势都有令身心畅通、提升或恢复元气，达到头脑冷静、情绪稳定的作用。当人变得健康，心灵变得更豁达、更坚强了，自然更能面对生活中的种种无形的压力和挫折。

（二）提神醒脑的调息法（Pranayama）　瑜伽调息法可以调节体内的能量。大部分人是用胸部而非腹部呼吸的，这种呼吸方法不能善用肺部的功能，使氧气不能充分填满肺部，因此并不健康。而瑜伽调息法是一种呼吸技巧，为脑部提供更多氧气，令整个精神状态变得平静和积极。它甚至可以在缩短每日所需的睡眠时间的同时，让头脑保持清晰稳定。

（三）洁净身心的瑜伽法（Yoga Nidra）　身心长期处于紧张状态，抵抗力便会减弱，疾病自然有机可乘。在每一趟瑜伽的最后部分，都会以“仰卧式”来结束。它有极大的放松及静心作用，给人一种既松弛又平和的感觉。当我们将这份感觉伸延到日常生活里，人际关系便会变得和谐，我们也能对周围的一切更宽容、更自在。

（四）瑜伽可以矫正由于日常的劳累或不良的坐姿造成的脊柱变形　可以改善不良姿态，增强自信心，伸拉肌肉系统，使人体线条优美，并有减肥功效，增强自愈力，预防各种疾病如：偏头痛、失眠、便秘、肠胃病、关节炎等，矫正脊柱。

（五）可以强化内脏，调节内分泌　消除紧张，调适身心，增强记忆，开发潜能，同时还能改善视力与听力。

（六）瑜伽着眼于整体的调理　提高人的自愈力，使全身各部位得到治疗。如：高血压、心脏病、肥胖病、糖尿病、神经症、失眠、便秘、肩周炎、头痛、坐骨神经痛、神经衰弱、痛经、胃下垂等。

七、瑜伽练习的要求

（一）练习场地

练习瑜伽时要选择安静、清洁、空气新鲜的地方，尽量离开房间而选择露天的自然地；在房间中注意保持空气的流通，这对于调息练习尤为重要，养成经常开窗透风的习惯，练习瑜伽时可以在旁边摆放绿色植物，地上需要铺上松软的毯子，柔软度控制在轻松地能保持站立，千万不能让脚下打滑；在练习关于坐式的瑜伽时可以使用蒲席，这样可以有效地防止疲劳。

（二）练习时间

总的来说，清晨，早饭前是瑜伽锻炼的最佳时间。早晨在太阳出来以前练习，中午在太阳到头顶时练习，晚上在日落以后练习，凌晨在入夜12点时练习。不同时间要练习不同的内容，例如早晨多练习体位法，中午多练习庞达，晚上多练习冥想，等等。练习者应该选择对自己最为方便的时间，争取每天都在同一时间内练习。

（三）练习方法

为取得瑜伽练习的成功，必须掌握正确的方法。瑜伽是一种完善的科学体系，所以要求练习者采用准确的方法练习。如果不能按照规定去做，这些瑜伽练习就变成了无味的机器动作，与真正的含义背道而驰。虽然并不是每一个人都能够完美无缺地做出所有的瑜伽姿势，但他们无疑可以毫无困难地掌握瑜伽练习的要领。希望每一个人按照个人身体限度练习瑜伽，尽力而为不可强求。瑜伽练习的每一步骤都要谨慎从事，不可操之过急，练习过程中逐步增加力度和难度。必须集中意识，使身体在某一姿势下静止维持一段时间，达到身心的统一。使内分泌平衡，身体四肢均衡发展，全身舒畅，心灵平静，内在充满能量。简单概括为：认清目标、持之以恒；不要勉强、不可急躁；加强自信、不可灰心；有不舒服感，立即停止练习并休息片刻。

（四）练习中的休息

瑜伽休息不是普通的休息，每一种休息其实都是一种冥想，使人能够放松身体，感受获得的能量，也可以锻炼身心意志感受自我的存在。瑜伽休息有两种，一种是短时间的休息，这主要是体位法中常采取的10—30秒的休息，一般占用练习的1/5左右；另一种是专门的休息，有时达数小时之久，例如瑜伽者常练习的“尸体放松术”，等等。这种方法除了达到放松的目的，还能有意识地控制体内能量和精神。

八、瑜伽练习注意事项

（1）如果没有特殊需要，全程都用鼻子呼吸。

（2）练瑜伽前后一小时不要进食：保持空腹和三分饱是最佳状态。

（3）入浴前后半小时不要做瑜伽：血液循环过快、血压过高、筋肉过软，都容易让身体受伤。

（4）把握体位法的缓慢过程和全身移动的感觉，比完成姿态更重要。

（5）集中意识在身体的某个部位，不但觉得容易学习且效果更佳。

（6）若有左右两边的姿势，记得两边做的次数要一样。不能只做单边。

（7）每次不要从头至尾只做一种体位法：为了治腰痛只做一种姿势，只会让腰痛更严重。

（8）呼吸频率不平稳时，可以以尸体放松式休息。勉强进入另一个姿势，不但达不到效果，反而会产生反效果的情形。

（9）保持完成姿势时的呼吸数，以自己的体能为限。初学者保持3~5次的呼吸数即可，往后再慢慢增加次数。

（10）瑜伽练习时穿着尽可能的简单，短裤、宽筒裤或是中国传统的练功裤；女子可以穿短裤或弹力裤，上身要宽松。

九、瑜伽饮食文化

瑜伽为了达到身心健康，除了呼吸和姿势之外，也很重视饮食。许多瑜伽研习者认为，一个人吃的食物不仅影响他的身体，同时也影响他的心灵和意识，瑜伽推崇健康的素食。瑜伽练习者把食物划分为三类：

（一）悦性食物（Sattvik food）

食用这类食物可以培养高贵的情操，使身体变得健康、纯洁、轻松、精力充沛，使心灵宁静而又愉快，有益身心。这类食物创造一个更精细、更敏锐的身体和神经系统，获得更高的灵性。它们包括一切水果，大部分蔬菜、牛奶及乳类制品、豆类、坚果，一切大豆制品（如豆腐、豆浆等），温和香料及适度绿茶，全部谷类及其制品（面条、面包、不含蛋的糕点甜点、玉米、大麦、燕麦等）。

（二）变性食物（Rajasik food）

能供应能量，有益身体但不一定有益心灵，多吃了常会引起身心浮躁不安的食物，如咖啡、浓茶、强烈调味品、酱油、白萝卜、海带、巧克力、可可、汽水等。

（三）惰性食物（Tamasik food）

容易引起懒惰、疾病和心灵迟钝的食物。此类食物对心灵有害，对身体也未必有益。它们包括一切肉类、鱼类、蛋、洋葱、菇类、菌类、芥末、葱、大蒜等，麻醉性饮料（酒类）、烟草、鸦片、大麻等一切有麻醉性可吸用之物及不新鲜、陈腐的食物。

古瑜伽士认为，为了身体的健康，心灵的平静，要多吃悦性食物，少吃变性食物，完全不吃惰性食物。吃过量的食物，相当于食用了惰性食物。

十、时尚瑜伽介绍

（一）哈他瑜伽

哈他瑜伽（Hatha Yoga）是一种经典瑜伽，据传是由9—10世纪的Goraksha发明的。哈他瑜伽（Hatha Yoga）由两个音符组成，Ha（哈）代表太阳，Tha（达）代表月亮。所以可意译为“日月瑜伽”。我国也有人将它译为“体瑜伽”。哈达瑜伽认为，人体主要包括两个重要的体系，一为精神、心理的体系；一为肌体、生理的体系。因此，它把人体本身视为修炼瑜伽的基础和根本。

构成哈他瑜伽练习的主要部分有体位法和调息法，此外还包括净身术、庞达等。体位法是调整人体各部分的平衡；调息法是以吐纳运动，除去体内的污秽和神经的系统滞碍。通过练习哈达瑜伽，可以帮助您清洗身心，治疗疾病，让您感觉更加年轻，更加充满生命的活力。持之以恒的练习，更会帮助您启动拙火，开发出生命的根本力量。哈他瑜伽以其效能和科学性得到世界各地练习者的喜欢，从而成为世界各地最流行的瑜伽之一。哈他瑜伽包括各种身体姿势的练习，呼吸练习，调整身心触受练习及专注力练习。

图 4—1—2　哈他瑜伽图片

哈他瑜伽在全国发展迅速。2016 年 6 月 22 日，北京人民网报道：

今天是国际瑜伽日，20 日清晨，150 余名瑜伽爱好者在北京平谷石林峡景区内号称世界最大的钛合金飞碟玻璃观景平台，迎着旭日练瑜伽，在高空中愉悦身心，感受自然。

150 余名瑜伽爱好者在海拔 700 多米，建筑面积 713 平方米，可载员面积 415 平方米，几乎全透明的钛合金玻璃观景台上，上演了一场惊心动魄的高空瑜伽秀。据了解，参与本次高空瑜伽活动的瑜伽爱好者年龄最小的 20 岁，最大的 60 岁。

伴着轻柔的乐曲，大家在拉伸、拧转、呼吸吐纳中，身心放松，挑战高空，做出各种高难、重叠瑜伽动作，将自身完整而彻底地融合在大自然之中。

——人民网 2016 年 6 月 22 日报道

图 4—1—3 哈他瑜伽

（二）艾扬格瑜伽

1. 简　介

艾扬格瑜伽（Iyengar yoga）是由印度瑜伽大师艾扬格（K. B. S Iyengar）创立和教授的哈他瑜伽课程，并且以他的名字来命名的。艾扬格瑜伽非常注重人体的正确的摆放，生理结构，骨骼肌肉的功能等，强调体位动作的精准，有矫正和恢复身体的效果，在练习过程中有时候需要借助工具完成相应的体位练习，给人以安全感，更适合入门学习者和身体僵硬的人练习。练习者透过实际的练习和亲身的实践与规律的自修，来寻求体位法的意义。

图 4—1—4　艾扬格瑜伽图

2. 艾扬格大师简介

艾扬格（B. K. S. Iyengar），1918 年出生于印度。从 17 岁开始，他教授瑜伽 70 余载。艾扬格被看作是世界上最伟大的瑜伽导师，在西方享有盛誉。艾扬格瑜伽是当今世界最广泛练习的一种瑜伽习练体系。他的 180 所学院遍布全球 40 个国家。艾扬格还是国际公认的“哈他瑜伽”领导权威，以他所创立的瑜伽治疗和瑜伽减压著称于世。他获得无数荣誉，包括联合国和平宪章授予的“医学博士”、瑜伽传记研究所的瑜伽教育年度人物、整体医学联合“Purna Swasthya”奖。他的其他经典著作包括《瑜伽之光》《调息之光》《瑜伽之树》《光耀生命》等。如果没有艾扬格的卓越贡献，尤其是他对每一个瑜伽体式细节精确细致而系统的要求、对瑜伽治疗的研究和他所培养的严格的瑜伽培训体系，我们现在的瑜伽世界将难以想象。

（三）高温瑜伽

1. 高温瑜伽的起源

高温瑜伽是在一个恒定的高温环境中，进行一连串的肢体伸展动作。热瑜伽由印度瑜伽大师 BikramChoudhury 创立，故其正式的英文名称为 BikramYoga，中文则多半翻译为“热瑜伽”或“高温瑜伽”，其和传统瑜伽最大的不同点在于：热瑜伽是以强调体位法及呼吸法的哈达瑜伽（HathaYoga）为基础，在一个恒定的高温环境中，跟着呼吸的节奏，进行一套约 27 个步骤的肢体伸展动作。瑜伽是在东方的印度崛起的，在印度人的观念里，高温炎热的环境，对身体才是最健康的，于是，当瑜伽传入西方后，西方人便利用现代化的加温设备，重现印度传统瑜伽的修习环境，于是乎，所谓的热瑜伽诞生了。

2. 高温瑜伽的定义

是指在一个加热的环境中练习瑜伽。通常加热的环境温度应控制在 38℃—42℃之间。

3. 高温瑜伽的动作特征

在传统瑜伽的基础上，研究并保留了其中的 26 个动作，将它们按照人体肌肉、韧带与肌腱的特点进行了科学排列，包括躺卧、站立和盘坐等。下面详细介绍一下每个体式的作用和意义。

（1）**站立深呼吸**

由于长期久坐的习惯，许多人仅仅使用了肺脏功能的10%，而从未到达最大肺容量。因此，他们常易感染上肺气肿、气喘病、气短以及其他各种呼吸疾病。站立深呼吸教你使用上另外90%的肺功能。此练习可用于各种身体锻炼之前。因为可以扩大肺容量，增强全身的循环使身体为接下来的运动做好准备。

（2）**半月式/手触脚式**

半月式可以让你快速获得能量，充满生命活力。提高强化身体中部的肌肉，尤其是腹部。增强了脊柱的伸展，纠正错误的姿势，增强了肾功能，帮助治疗肝脾肿大、消化不良、便秘。增加腹肌、背阔肌、三角肌的肌肉力量与伸展性。半月式正是伸展体位的练习，每天坚持练习，一周就可发现腰部的变化。

手触趾式可以增强坐骨神经、跟腱下肢韧带、脊柱的伸展，加强股二头肌、小腿的力量，促进腿部血液循环到达大脑，加强腹肌、斜方肌的力量。

两式都可强健腰线、臀、腹腰、大腿。

（3）**笨拙式**

强壮大小腿、臀部肌肉，伸展髋关节，锻炼发展上臂，促进膝关节、踝关节血液循环，去除下肢风湿病、关节炎、痛风等症，帮助治疗下腰痛及椎间盘突出。

（4）**鸟王式**

鸟王式对双腿非常有益，发展身体平衡能力，协调感与专注能力。增加肾脏的血液供给，增强性能量及其控制力，强健大小腿、髋、腹部、上臂，增加膝、踝、髋部的伸展，发展胸大肌、三角肌、斜方肌。补养加强双踝、双膝和小腿肌肉。去除下肢多余脂肪，有助于防止和消除小腿肌肉痉挛（抽筋）。

（5）**站立头触膝式**

发展集中注意力，耐心，决断力，收紧腹部及大腿，有益坐骨神经，伸展跟腱、肩胛骨、肱二头肌、肱三头肌。

（6）**站立拉弓式**

促进身体血液循环，让血液充分流向内脏和腺体，使其更加健康，发展集中能力与耐心、决断力，强健腹部及大腿。收紧上臂、髋部及臀部，促进肺部脏器机能，有益胸腔。增加下腰部脊柱以及大部分肌肉的伸展性及力量，使韧带变得柔软。

（7）**战士第三式**

增强身体的平衡力，提升身体、心灵、精神的能量。除此还有益髋部、臀部、大腿，与站立头触膝有相同的好处。促进身体循环系统机能，对心肌的锻炼有益，有益肺部。矫正身体不良姿势，有益胸大肌、三角肌、斜方肌。伸展肩、上臂、脊柱、髋关节。

（8）**站立分腿伸展式**

防止、治疗坐骨神经痛，伸展大腿后侧、跟腱的韧带。促进腹部脏器腺体的功能，特别是大小肠，增强髋关节，伸展大小腿肌肉、脚踝、骨盆关节以及腰部脊椎的灵活度。

（9）**三角式**

有益身体每块肌肉、关节、腺体、内脏。激活神经系统，治疗腰痛、下腰部、风湿病，伸展下腰部、脊柱，矫正脊柱畸形，这是一个增强髋关节和侧腰部伸展和力量的最重要的姿势，可以强健大腿髋部，去除腰围脂肪，强壮三角肌、斜方肌、胸大肌。

（10）**站立分腿头触膝式**

具有手触脚式相同的益处，减少腹、腰线、髋、臀、大腿多余的脂肪，柔韧大腿后侧韧带。

（11）**树式**

补养和加强腿部、背部、胸部的肌肉。发展平衡感和专注能力，纠正体态，促进脚踝、膝、髋关节的伸展，预防疝气。

（12）**趾尖式**

使血液循环恢复正常，身体完全放松，接下来的体位，每个动作之后都要做这个姿势。

（13）**仰卧式**

使血液循环恢复正常，身体完全放松，接下来的体位每个动作之后都要做这个姿势

（14）**除风式**

按摩腹内脏，加强腹部肌肉，有助于减轻便秘。治疗去除胃胀气以及许多慢性腹部疾病。

（15）**仰卧起坐**

收紧腹部，柔软腿部韧带，增强脊柱伸展度。

（16）**眼镜蛇式**

眼镜蛇式使脊柱保持一种富有弹性的健康状态，并有助于治疗各种背痛和比较轻微的脊柱损伤。当瑜伽练习者把这个姿势做得正确时，就会感到每节脊椎都获得伸展。一节接一节得到补养，增强。因而它极有助于使轻微错位的脊椎骨重新恢复正确的位置。它可以使所有的背部肌肉群都得到伸展，从而舒缓、消除背部与颈部区域的僵硬不灵和紧张。它促进血液循环，脊柱神经和血管由于获得额外的血液供应而受益。颚部、颈部、喉部、胸部、腹部和两腿都得到了锻炼和加强。腺体的活动平衡，消化能力得到增强，解除了便秘、食欲增进。在保持这个姿势时，对肾脏也施加了压力，短时间使其中的血液被挤出来。当从这个姿势恢复原态时，血液就涌回双肾，有助于冲走那些有害的结石沉淀物。眼镜蛇式正是以这样的方式有助于防止以至减少肾脏中的结石沉淀物（以免日后演变成肾结石）。它有助于纠正月经失调，并有助于纠正各种妇女性机能失调的毛病。强壮三角肌、斜方肌、肱二头肌。

（17）**蝗虫式**

这个姿势增加对脊柱区域的血液供应。它滋养脊柱神经，增强下背部和腰部范围的肌肉群及韧带。它消除腰骶总的疼痛，脊柱就变得更富有弹性。全蝗虫式有益于骨盆范围各器官。它对消化系统以至膀胱和前列腺也很有益处，因而患便秘、泌尿疼痛、肠胃问题或月经周期不规则的人们都能够凭练习本式而减轻或消除其症状。患脊椎关节盘错位的人们也可以因为经常练习这个姿势而体验到症状有所改善。

把这个姿势稍加改变来练习可以消除下背部的疼痛。要这样做，你应弯曲双膝，让你的两条小腿垂直于地面。然后将两条大腿分开，呼气，双拳用力向下按，把两腿，头部和胸膛升离地面。最后两膝收拢在一起，尽量长久地保持此式，它甚至可以更加有效地治疗背部或脊柱的问题，如痛风、椎间盘突出、坐骨神经痛，可以帮助治疗网球肘、强健肘部，髋部。

(18) **全蝗虫式**

和眼镜蛇式、弓式有相同的功效，强健腰腹部肌肉，上臂和大腿。全蝗虫式还可减轻消除失眠症，哮喘，支气管炎和肾功能失调的毛病。

(19) **弓式**

几乎对全身的肌肉，弓式都是极佳姿势，背部肌肉群得到增强，以至消除由于疲劳而产生的疼痛和僵硬不灵，胸部和腹部肌肉得到强壮，髋部和肩部肌肉以及关节得到放松，腿、臂、喉、颈、颚缘肌肉全都得到伸展和强壮。肝脏、肾脏和膀胱等许多内部脏器也受到按摩，获得更多的血液供应，其功能有所改善，还有助于纠正肠胃失调，消化不良，慢性便秘和肝脏机能不振的毛病，胰脏得到补养，肠脏蠕动作用加强，弓式和眼镜蛇式一样，是预防胆、肾结石形成的极好练习。做弓式练习一般能刺激和增强各内分泌腺体，而特别能刺激和增强甲状腺。它有益于骨盆区域，减少腰围线上的脂肪，有助于治疗糖尿病，增强大小肠、肝、胃、脾的功能，伸展脊柱，缓解背痛，治疗鸡胸，促进肺的摄氧量，激活背神，伸展腹部、上臂、大腿、髋部肌肉，锻炼肩胛骨、胸大肌、三角肌、斜方肌。

(20) **卧英雄式**

治疗下肢坐骨神经痛、痛风、风湿病，去除大腿多余脂肪，加强小腿肌肉，强健腹部，加强下腰部、膝、踝的伸展。

(21) **半龟式**

让身体充分放松，治疗消化不良，有益肺脏，促进血液流向大脑，强健腹部及大腿，促进髋部、三角肌、肩胛骨、肱二头肌、胸大肌的伸展。

（22）**骆驼式**

利于消化和排泄，有益于生殖系统，伸展、强壮脊柱。促进血液循环，使背部神经得到额外血液的供养。消除便秘，消除背痛、腰痛，纠正驼背、双肩下垂。伸展腹部脏器，治疗便秘，也伸展喉部，甲状腺，甲状旁腺，扩展胸腔，有益肺脏，缓解背痛，减少腰腹多余脂肪。

（23）**兔子式**

最大限度伸展脊柱，滋养脊柱神经，保持脊柱灵活性及弹性，促进消化，治疗感冒、慢性扁桃体炎，有益甲状腺、甲状旁腺，伸展肩胛骨、斜方肌，也促进儿童生长发育。

（24）**单腿及双腿头触膝式**

平衡血糖水平，伸展坐骨神经、脚踝、膝、髋关节，促进消化，提高肾脏功能，有益下半身机体组织，对肠胃有益，促进肝脾的机能，锻炼伸展斜方肌、三角肌、股二头肌、跟腱、髋关节、下腰部脊柱。

（25）**脊柱扭动式**

伸展脊柱，激活整个神经系统（包括背神经和全身的三十二对神经），放松腰、背、肩、颈各个部位的肌肉群以及脊柱，预防腰背部疼痛。强健肾脏、肝和脾，促进肠蠕动，利于排泄与吸收的改善。调节肾上腺的分泌，胰腺分泌加强，有助于治疗糖尿病，治疗轻微的脊柱椎间盘错位，滋养脊柱神经，增加脊柱弹性和伸展灵活性，锻炼髋关节，帮助治疗腰痛、脊柱风湿痛，促进消化，去除胃胀气，强健腹部、大腿和臀部。

（26）**霹雳坐吹气式**

降低身体温度，伸展放松腹部脏器，促进循环，强健腹部器官，使腹部强壮，腰部更苗条。

（27）**拜月式**

拜月式有很多版本，其实每个版本都是同宗同源的，我们每个人可以根据自己的喜好，结合自己的身体状况加以练习。拜月式是在拜日式（向太阳致敬式）基础上延伸而来的，很适合女性练习，可以让我们僵硬的身体更加的柔软而有弹性。也有人认为拜月式是拜日式的加强版。不论何种说法，只要是对自己身体有好处的就是好东西。

4. 高温瑜伽注意事项

（1）**饮食**：训练前3个小时内不要吃东西，并且在课前20分钟时最好喝一大杯水。在练习前3小时内最好不要进食，否则胃部在消化食物过程中得不到充足的血液供应，练习时会出现头晕、恶心、心跳过速等现象。

（2）**补水**：在练习高温瑜伽的过程中，必须及时补充水分。高温环境会使练习者大量流汗，汗液带走水分的同时也使体内的无机盐和矿物质大量流失，在缺水状态下进行长时间训练会导致练习者出现脱水症状如疲劳和抽筋等。所以，进行高温瑜伽练习，要少量多次地饮水，注意不要一次饮用大量的水。

5. 高温瑜伽健身功能

（1）**帮助代谢循环，达到排毒的目的**

摄氏38—42度是最能令人体肌肉放松且伸展的温度，也是一般进行物理治疗（例如水疗、热疗等）时最常采用的温度，而这也恰巧符合目前医疗领域中，相当提倡的自然保暖理论（Natural Warm），简单来说，就是用比体温高一些的温度，为表层皮肤到深层肌肉提供热敷效果，进而达到加速血液循环，促进新陈代谢，加速汗腺分泌，达到排毒的目的。

（2）**安全性高，更适合初学者**

高温瑜伽能快速温暖身体，提高关节与肌肉柔软度，尤其适合初学者。几乎所有人都会认同，瑜伽是一种讲究动作柔和的伸展操，但有专家表示，对于不易放松的初学者来说，一些例如弯、屈、伸、仰等瑜伽动作，其实未必全都是柔和的，初学者往往会因为不当施力或过度勉强，因此产生许多运动伤害。而热瑜伽是在比体温稍高的环境中进行，能快速温暖身体，提高关节与肌肉的柔软度，可让经络变得比较柔软，对瑜伽的初学者来说，安全性确实是较一般传统的瑜伽为高，不易出现抽筋或拉伤等问题。

（四）流瑜伽

1. 起　源

源自西方的流瑜伽，是哈他瑜伽与阿斯汤嘎瑜伽的混合体。它的教义和难度介于两者之间。流瑜伽是时下很流行的一种瑜伽，在练习的过程中以行如流水般流畅的动作组合来强健身体，它比较侧重伸展性，力量性，柔韧性，耐力，平衡性，专注力的全面锻炼，因为它的体式之间的衔接给人一气呵成之感。

2. 定　义

流瑜伽的英文名称为：Flow Yoga，其中的 Flow 意为“流水”，所以称“流瑜伽”，即动作像流水一样，缓慢流畅，当流水遇到岩石时，会激起浪花，流瑜伽也穿插有快速的节拍性动作组合。

3. 特　点

流瑜伽，也有人称其为“流程瑜伽”。是因为其动作是固定的，好比固定流程，所以对锻炼耐心很有帮助。流瑜伽每个级别的初始动作也是从太阳祈祷式 A 和 B 开始，练习数次，而后进行单个动作练习，最后以倒立和休息术结束。它比传统的哈他瑜伽在体能方面消耗更大。其他瑜伽是在做动作的过程之中休息一下，但是流瑜伽是前面一直在做动作，最后才是休息的，而且它的休息也是在做动作。整体来说，流瑜伽要比其他瑜伽辛苦多了，强度也大，刚开始练瑜伽体能不是很好的人一般是不会建议你去上流瑜伽的，但是有点基础的人去上了之后就会感觉特别的舒服。流瑜伽的初级类似哈他瑜伽，适合普通人练习。中级以上难度逐渐增加，这是为将来练习阿斯汤嘎瑜伽做准备，因此不建议初学者练习这种瑜伽。流瑜伽和阿斯汤嘎瑜伽一样强调运动与呼吸的协调，同样以练习为重点。但更注重体式间的连接，每个核心体式的保持时间可为 3—5 个完整的呼吸，而串联体式的保持呼吸不会超过 1 个完整的呼吸，多为一吸或一呼之后就会变换，而当呼吸需要调整衔接的时候才会停留一个完整的呼吸。也正由于标准流瑜伽这样的呼吸配合，所以我们需要保证在练习中对呼吸节奏的掌控，让呼吸更深长缓慢。没有了 vinyasa 的串联，流瑜伽就不是标准的流瑜伽了。Vinyasa 一词来源于词根 Vi 和 Nyasa。前缀 Vi 的本意是变化，后缀 Nyasa 本意是运动，按照规定的序列练习。流瑜伽能行云流水般“流动”起来，正是靠 Vinyasa 来连接每个独立的体位。Vinyasa 其实是阿斯汤嘎瑜伽和流瑜伽中的太阳式 A 的一部分体式。每个完整的流瑜伽练习都是如下组成：核心体式（右）—vinyasa—核心体式（左）—vinyasa。在这里我们可以发现，核心体式必须是个分左右的体式，以右为先依然保持，每个 vinyasa 都属于它前面的那个核心体式。

4. 流瑜伽基础体式与串联介绍

（1）**基础体式**

1）婴儿式

2）桌式

3）猫式狗式

4）下犬式

5）人面狮身式

6）眼镜蛇式

7）上犬式

8）山式

9）太阳式：吸气两臂向上伸展，呼气双手回到祈祷式

10）太阳式：吸气两臂向上伸展，呼气伸展脊柱向前向下，吸气脊柱向上伸展到一半，呼气向下折叠身体，吸气卷背脊柱向上两臂向天空，呼气双手回到祈祷式

11）太阳式 A

吸气手臂向上伸展，呼气向前向下，吸气向上向前伸展，呼气到

A：婴儿式

B：下犬式停留

C：vinyasa

①下犬式——板式——简易俯卧撑——人面狮身式——相反俯卧撑——下犬式 3 次呼吸

②下犬式——板式——俯卧撑——眼镜蛇式——相反俯卧撑——下犬式 3—5 次

③板式——俯卧撑——上犬式——下犬式 5 次呼吸

吸气向前收回双脚脊柱向前向上伸展，呼气向下折叠身体，吸气卷动脊柱向上伸展，呼气双手回到祈祷式。

12）太阳式 B

吸气幻椅式，呼气身体前曲，吸气伸展脊柱向前向上，呼气到

A：右侧跪姿新月式——Vinyasa①——左侧跪姿新月式——下犬式

B：右侧新月式——Vinyasa②——左侧新月式——下犬式 3—5 次呼吸

C：Vinyasa③——下犬式——右侧新月式——Vinyasa③——左侧新月式——Vinyasa——下犬式 5 个呼吸

D：同上，新月式换战士 1 式吸气向前收回双脚，脊柱向

（2）**串联体式**

1）跪姿新月式——简易侧撑式——Vinyasa——连接另一侧

2）新月式——新月扭转——Vinyasa——连接另一侧

3）新月式——祈祷扭转——Vinyasa——连接另一侧

4）新月式——战士 2 式——Vinyasa——连接另一侧

5）新月式——战士 2 式——侧角伸展式——Vinyasa——连接

6）战士 2 式——反向战士 2 式——侧角伸展式——Vinyasa——连接

7）战士 2 式——三角伸展式——Vinyasa——连接

8）战士 2 式——双角式——Vinyasa——连接

9）战士 2 式——侧角伸展式——半月式——Vinyasa——连接

10）战士 1 式——战士 2 式——三角伸展式——Vinyasa——连接

11）战士 1 式——战士 3 式——半月式——Vinyasa——连接

5. 注意事项

流瑜伽的动作编排连绵而流畅，体力不好的人可以在中途做短暂休息，以保存体力。练习者是健康的年轻人，哈他瑜伽修炼半年以上。不建议体弱多病者进行流瑜伽练习。

图 4—1—5　流瑜伽图

（五）空中瑜伽

1. 起　源

空中瑜伽又名反重力瑜伽（AntiGravity Yoga），是由美国人克里斯托弗·哈里森（Christopher Harrison）创建。哈里森曾是一名优秀的体操运动员，后成为职业舞蹈家。他因长期在世界各地演出，身上多处带伤，发明伤口愈合与积极心态密不可分，瑜伽恰好有助于舒缓心情。1996 年哈里森到印度静修时期受到启发，创编反重力瑜伽，成为他休养身心、延展艺术生活的“良方”。哈里森认为利用吊床不会伤到身体反而更能专注于练习，英国《每日邮报》引用他的话报道称，“在吊床里，练习者和外界断绝，专注于本身身心。”练习反重力瑜伽需借助特殊器具。这种器具名为“反重力吊床”，由一种丝质纤维制成，两端与室内天花板悬垂而下的锁链相连，距地面不到 1 米。吊床打开时形似秋千或吊架，闭合时又如豆荚，供练习者冥神静思。整个吊床承重超过 900 千克。

反重力瑜伽同样在欧洲掀起热潮。爱尔兰和意大利已有特许授课机构，类似课程也出现在英国。反重力瑜伽在泰国很盛行。在我国，空中瑜伽已经是健身房中的热门课程。2014 年 2 月 28 日，某运动品牌在上海力推新一季姐妹约会风潮——姐妹周末运动。鼓励女生们带上自己的姐妹，打破传统的周末约会方式，加入运动行列，尽情享受运动的快乐。

图 4—1—6　空中瑜伽图

2. 定　义

空中瑜伽又称反重力瑜伽，它融合了哈他瑜伽的体式、舞蹈、普拉提和健美操，利用空中瑜伽吊床，是顺重力、向心力、反重力这三大原理结合的新型瑜伽方式。该力量原理来自于物理运动学。与传统地面上的瑜伽不同，利用绳索吊床（Hammock）作为铺具，把传统哈达瑜伽的体位法（asana），结合中医按摩手法，太极的圆融，普拉提的力量，舞蹈的优雅与瑜伽体式相融合，帮助练习者事半功倍地完成所有空中瑜伽的体式。练习者通过感受到身体体重，加深体式的伸展、阻力和正位能力，具有高效的放松、疗愈、瘦身效果，更具有娱乐性、趣味性。

3. 空中瑜伽健身功能

（1）**减少重力，缓解关节压力，具有一定的医疗效果，同时锻炼日常锻炼不到的肌肉。**

与传统瑜伽的倒立不同的是，反重力课程的向上运动是在失重的情况下完成的。对于初学者或肌肉力量较弱的练习者，通过吊床可以减少重力，缓解关节压力，对于脊椎的压力为零，可缓解悬空时间过长带来的脊柱压力，通过地心引力和练习者身体的重量，完成脊柱的自然牵引，迅速改善肩颈后背酸痛和失眠烦躁等常见问题。此外吊床会加强伸展力和阻力，并且在截留血液后放松，身体有强热感，帮助更好的疏通经脉，坚持锻炼具有明显的医疗效果。例如高空倒立有不少好处，既能促进血液流畅，又有助于增强上肢力量。借助吊床练习倒挂双手不受力，可减轻手臂及肩部压力，对腕部和肩膀力量弱的人尤其有益。此外练习者做其他高空动作，会比以前更有平衡感，而且它也帮助练习者锻炼了平时不会用到的那些肌肉。

（2）**空中瑜伽融合了多种健身方式，增加健身趣味性，锻炼效果好。**

空中瑜伽融合了哈他瑜伽的体式、舞蹈、普拉提和健美操，动作利用绳索吊床（Hammock）作为铺具，把传统哈达瑜伽的体位法（asana）、中医按摩手法、太极的圆融、普拉提的力量、舞蹈的优雅与瑜伽体式相融合，帮助练习者事半功倍地完成所有空中瑜伽的体式。练习者通过感受到身体体重，加深体式的伸展、阻力和正位能力，具有高效的放松、疗愈、瘦身效果，更具有娱乐性、趣味性。例如：倒挂和摆荡，能使人体感官体系越发敏锐。此外利用吊床材质顺滑，有助练习者自由空间转换增强锻炼者肌肉力量，同时，提高身体控制平衡的能力，锻炼效果好。

第二节　普拉提

普拉提（Pilates）训练法是由德国的约瑟夫·普拉提于1926年创立并推广的一种运动健身体系——一种静力性的健身运动。西方人一向注重身体肌肉和生理机能的训练，例如腰、腹、背、胸、臀等部位的训练，而东方人着重呼吸和心灵集中的训练，如瑜伽和太极。普拉提吸取了东西方文化，兼容了生理与心理的相关研究成果。最初普拉提只运用于两大领域，即专业舞蹈团体进行肌肉的训练和医疗康复机构病人痊愈后的肌体功能及肌肉力量的恢复。

随着现代社会的发展，普拉提（Pilates）不断进行了一些人性化的改善，融入了瑜伽、太极拳、芭蕾形体的一些理念以及教练个性化的内容，普拉蒂的训练方式是遵循运用自身体重、多次数、小重量以及冥想的运动原则，训练时的呼吸方式为鼻吸口呼，是针对肌肉形态、关节等外在的一种训练，它的训练目的是通过改变人体肌肉功能从而改善人体脊柱腰椎等的功能。

一、普拉提的起源

普拉提（Pilates）源自集中营。普拉提是一种舒缓全身肌肉及提高人体躯干控制能力的课程，它的起源要追溯到1914年战争中的集中营。

普拉提运动的创始人Joseph Pilates从小体弱多病，但他在日后工作中，则将东、西方的养生方法，如瑜伽、太极、古希腊和罗马的传统养生法融会贯通后，佐以自己设计的仪器及运动技巧，创造出了普拉提。1914年战争在欧洲爆发，当时住在英格兰的Joseph Pilates，由于是德裔，所以被安置在一所集中营里。在集中营内，他开始帮助那些卧床的病人进行训练，使他们恢复肌肉力量和控制能力，后来 Joseph Pilates 搬到纽约与芭蕾演员一起训练，这个训练被进一步流传开来，很多名人都来练习，这样逐渐形成了 Joseph Pilates 的健身工作室。

二、普拉提的特点

（一）简单易学，不受场地限制

普拉提是目前最流行、最时尚的健身项目之一，在各大健身中心，你都可以感受到如火如荼的普拉提氛围。它今天的繁盛或许应该感谢它的创始人——Joseph Pilates，普拉提的名字正是来自于他。他是一个体弱多病的人，为了健康，他逐渐将东、西方的养生方法，如瑜伽、太极拳等融会贯通，并佐以自己设计的一些动作，以后逐渐形成了今天的普拉提。

普拉提最大的特点是简单易学，不仅动作平缓，而且可以有目的地针对手臂、胸部和肩部锻炼，同时又能增强身体的柔韧性。而且，这项运动不受活动地点的限制，无论专业健身房还是起居室，同样可以练习。

（二）安全性高

普拉提运动速度相对平和，是静力状态的运动，几乎不会产生对关节和肌肉的伤害。同时，动静结合的动作安排，使身体既有紧张也有放松，既有步伐的转换又有打坐的调吸，这就使锻炼的人更容易控制身体，减少因姿势错误造成的负面作用。普拉提借助非常简单的器具给你的身体带来全面的锻炼。

（三）普拉提糅合东方和西方运动概念而成

西方人一向着重于身体肌肉能力的训练，例如腰、腹、背、胸等；而东方人则着重于呼吸和心灵集中的训练，冥想、瑜伽和太极就是极好的例子。普拉提（Pilates）把东方的柔韧和西方的刚毅二者之长合二为一，它的动作缓慢而清楚，每个姿势都必须和呼吸相协调，所以Pilates适合任何年龄，特别是缺少运动、长时间需要接触电脑上班族的人士。伸展是 Pilates 中最重要的训练之一，其特殊之处就是肌肉不会经运动后导致粗壮，通过对身体核心部位（腰部和腹部肌肉组成，包括腹横肌、腹内斜肌、腹外斜肌、腹直肌、竖脊肌）的锻炼，使脊柱变得柔软而有韧性。所以 Pilates 运动不但改善了身体线条，还对矫正颈部和脊髓有非常好的效果。

（四）强调静止中的控制过程

普拉提使训练者在增强肌肉力量的同时却不加大肌肉体积。Pilates 的轻器械练习就是遵循着小重量多次数的原则，令肌肉充满弹性而又不会使肌肉变得太突出。它的运动强度不是特别大，但它讲究控制、拉伸和呼吸，对腰、腹、臀等女性重点部位的塑造有非常好的效果。这更符合女子在现实生活中对形体美的要求。

三、普拉提的分类

（一）直立普拉提

这种锻炼改变了传统的垫上运动，整个运动过程是保持直立的姿势进行的。例如：两脚分开，与胯同宽，手臂伸直上举，手掌相对。右脚伸直，右腿上抬，与左脚成 45 度角。右脚沿顺时针方向划 3 个圆圈，这个过程胯部是平衡的。然后反向。完成后，右脚收回地面，并将右脚向右侧抬起，脚背弯曲，并沿顺逆两个方向画圆圈。左脚重复右脚动作。作用：这种锻炼是健美腿部和臀部的好方法。同时直立进行动作能提高身体的平衡性和敏捷性。

图 4—2—1　直立普拉提

（二）健身球普拉提

这种锻炼始终都是在健身球上进行的。例如：跪在地板上，身体右侧靠在一个大健身球上。伸出左脚支撑身体，右脚仍跪在原地。右手搭在球上，左臂弯曲，左肘放于脑后，扶住颈部。侧弯腰，努力用左肘去触左胯，当无法再接近时返回，共做 8—12 次。然后换另一侧做。作用：有益于塑造腹部、胯部、臀部及下腰部的肌肉，同时还可以建立良好的平衡性和协调性。

图 4—2—2 健身普拉提球

（三）弹力绳普拉提

练习动作的过程中需要一个弹力绳。例如：仰卧在地板上，双腿绷直，脚背弯曲。把弹力绳绕在脚上，两手抓住弹力绳的两端。深吸气，努力将肚脐贴向脊柱。深呼气，肱二头肌收缩，双手向胸部抬起，同时将脊背一点一点蜷起。深吸气，然后再慢慢躺回地板的同时深呼气。深吸气，并将双手放下。以上动作重复 5—10 次。作用：可以锻炼胸部、背部和手臂的肌肉柔韧性。

图 4—2—3　弹力绳普拉提

（四）普拉提圈

普拉提魔力圈（Magic Circle），正式名称应为“阻力环”。由高弹力玻璃纤维制作而成，这种灵活方便的运动辅助器械是由约瑟夫·普拉提自己发明的。最早阻力环是一根金属片绕成一圈，金属片外圆两边各有一个木制的手柄作握把，金属片的接口就被螺丝固定在其中一边的握把上。阻力环具有重量轻、操作简易、使用安全方便等特点。可以为训练者提供肌张力、肌耐力、身体平衡、身体协调等训练方案，在练习中增加了训练的趣味性、娱乐性。

四、普拉提练习要素

（1）专注：训练时注意力集中，静静聆听身体的感觉。

（2）控制：动作到位，尽量达到教练要求的位置。

（3）重心：利用自身的重力带来的阻力，达到锻炼肌肉的效果。

（4）呼吸：注意呼吸的深度，尽可能用腹式呼吸法。

（5）流畅：动作流畅，速度均匀。

（6）准确：姿势准确，效果更佳。

（7）放松：冥想时仔细感觉身体的部位。

（8）持久：有意识地收缩需要锻炼的肌肉，保持紧张感，消耗能量。

五、普拉提练习原则

（一）呼吸的原则

1. 用鼻子吸气，用嘴呼气，讲究呼气的深度，尽可能地运用腹式呼吸的方法。

2. 呼吸的速度不易太快，与动作的速度基本一致，不要憋气进行训练。

3. 运动时注意呼气，静止时注意吸气。这样可以缓解因肌肉用力而给身体内部带来的压力。

4. 通过控制呼吸，把注意力集中在呼吸上，减少人对肌肉酸痛的敏感度。

（二）身体控制的原则

1. 动作运动的速度缓慢，延长肌肉控制的时间，较大程度消耗身体各部位的能量，达到减脂、塑形的目的。

2. 把握好身体的姿态，使其能够长时间体会到训练带给身体的刺激。

3. 腹部和躯干的固定是普拉提训练的核心。

六、普拉提练习注意事项

（一）正确的姿势

正确的姿势是保持腹部和背部集中适当的力量，让肌肉能够支持脊椎。有力的腹部肌肉形成支持脊椎的“力量区域”。当你正确地挺起腹部和背部并加强其他肌肉的用力时，整个身体就达到了自然和理想的状态。这样的姿态会帮助肌肉有适当的运动。

（二）良好的呼吸

良好的呼吸方式应该是以头脑、身体、精神来进行的，这样可以使练习者的肉体和心灵压力一扫而空。呼吸的时机必须正确，与我们通常的呼吸不同，普拉提运动在呼吸时要求在用力动作时吸气（这时你的腹部处于伸展状态），而在收紧腹部时呼气。

七、普拉提与瑜伽的区别

普拉提与瑜伽，这两种训练方式都是静态的修复性训练，二者都强调姿势与呼吸的配合；练习环境都要求安静、赤足等。但是它们是完全不同的两种静态训练方式。

普拉提起源于1926年，随着现代社会的发展，它不断进行了一些人性化的改善，融入了瑜伽、太极拳、芭蕾形体的一些健身理念以及教练个性化的内容，普拉提的训练方式是遵循运用自身体重、多次数、小重量以及冥想的运动原则，训练时的呼吸方式为鼻吸口呼，是针对肌肉形态、关节等外在的一种训练，它的训练目的是通过改变人体肌肉功能从而改善人体脊柱腰椎等的功能。它重在身体肌肉的练习，身体塑型和体能恢复。而瑜伽更注重心灵的进化，强调身心合一。瑜伽用鼻子呼吸，训练主要以自我承受能力为主要原则，逐渐加大难度，侧重身体与呼吸配合，意识的参与。

第三节　街　舞

一、街舞的起源

街舞是一种民间舞蹈，兴起于20世纪70年代的美国黑人区，是美国黑人“嘻哈文化”的组成部分。由于这种舞蹈出现在街头、不拘于场地器械，所以称为街舞，并且具有极强的参与性、表演性和竞赛性。在逐渐的发展中，街舞形成了一种共同的思想理念和行为方式，以街舞来张扬自我个性，展示青春的活力和激情，表达勇于进取的生活态度，强调的是“做自己，享受生命，勇于挑战”的理念。街舞是美国黑人由一种发泄情绪的运动演绎成的街边文化，特色是爆发力强，在舞动时，肢体所做的动作亦较其他舞蹈夸张。最吸引人之处，是以全身的活力带来热情澎湃的感觉。

二、街舞文化

（一）街舞文化内涵

街舞文化内涵主要是街舞作为一种舞蹈，所表现的艺术形式。这种艺术形式主要指街舞以选择体现个性特点舞蹈动作类型，原创动作类型（breakin. hiphop）以及选择以身体的小肌肉群运动为主，强调爆发力和节律性动作类型。在节奏性较强的音乐伴奏下（一般用 rap. hiphop. funk. house. jazz 等几种音乐类型）体现肢体语言的较强律动感。这种舞蹈继承和体现了源于美国黑人故有的音乐动感，不强调动作姿态，不拘于场地器械，注重对音乐节奏的理解和体现，以展示青春活力和激情，张扬自我个性。

（二）街舞文化外延

街舞文化外延主要是指街舞作为一种美国黑人街头文化所包含的舞蹈，音乐，涂鸦，刺青，DJ，MC，BEAT－BOX 及传达的文化理念。

1. 涂鸦（graffiti）

字典解释为写在公共墙上的图画和文字。含有幽默、讽刺以及个性风格和政治目的的艺术作品。涂鸦作为视觉语汇一直和 Hip－Hop 文化同栖连枝。还记得在黑人电影中常看见车站地铁甚至火车厢外被画上的一些奇形怪状的字吗？其实它就是涂鸦。这些喷涂在水泥地板、建筑外墙和地铁上的图案，狂野、迷醉、即兴，代表了画家对于自己的立场或是对社会的看法、现象，等等。

涂鸦艺术与街舞的结合往往作为体现文化背景的表演场地和体现个性特征的服装、装饰物上。依照风格、字体及色调的不同，各地领域特征，各自设立自己的文化及天地，正符合了 Hip Hop 独一无二且无法模仿的精神。

图 4—3—1　涂鸦（图片由北京旋风环球极限文化传媒有限公司提供）

2. 刺　青

简单地讲就是文身。刺青与街舞的结合主要是为了张扬个性风格。刺青与街舞结合最早出现在 20 世纪 70 年代美国黑人 Dveris 的年轻人在街头作各种街舞动作表演时胸前刺有不规则图案用以修饰，其他 b - boy 就开始模仿，于是刺青便与街舞紧密地联系在一起了。现在的文身大多已选择了彩绘，就是用一些特殊的颜料在身体的某个部位画上自己喜欢的彩色图案。追求新奇、彰显个性，于是文身成为一种时尚。

3. DJ

原义 Deejaying［cutting and scratching］直译过来的意思是音乐骑师，DJ 的主要工作是在混音台通过连接双 CD 机和唱片机创作音乐，包括混音和剪辑音乐，他们可以延长缩短音乐的拍子，以更好地配合街舞的动作。DJ 是由 Master Flash 在布朗克斯首先提出的一种表现音乐的艺术形式，20 世纪 70 年代在纽约城市开始流行，而街舞的代名词 hiphop 一词是由 DJ. Kool Herc 首先提出的，所以 DJ 的出现早于街舞，没有 DJ 就没有 HIPHOP 音乐，没有 HIPHOP 音乐也就没有今天的街舞，可见 DJ 对街舞的音乐发展起到了巨大的促进作用。

4. BeatBox

通常缩写为 B – Box，起源于美国，是一种出现不到 10 年的新兴 Hip – Hop 元素。在 5 年前兴盛起来而形成的一种音乐文化，可以通俗地理解为口技，但不能称之为口技，一般的 Beatboxer 都不喜欢被别人用口技称呼，用平常的用语解释的话，就是节奏箱子。“Beatbox” 源自一种模仿效果，来自于第一代的电子鼓（Drum Machine），当时被称为 beatboxes，“Human beatbox” 这个术语起源于 20 世纪 80 年代的 hip – hop，其早期的开拓者 Doug E. Fresh，自称为这是 “Human beatbox”。有巨大贡献的早期 beatboxer，Swifty；第一个做出吸气音技巧的人，Buffy，完善了很多的 beatbox 技巧；Wise，对 beatbox 的宣传做出了重大贡献，让人们爱上 “Human BBOX”，为 beatbox 掀起了一阵飓风。

5. MC

原义 Micphone Controller，也就是指 “控制麦克风” 的人！有许多的饶舌歌手都会给自己的艺名前面加个 “MC”。当 DJ 播放音乐的时候，MC 便走到台前，即兴地用抑扬顿挫的语言表述音乐的魔力，当语言在通过口说出来的时候便是种音乐，他们能在音乐中表达自己的真实感受。从最早的 MC 到现在，MC 已经具备许多的特长，好比说要能带动气氛，能主持、RAP、能即兴饶舌（free style）。他不只是表演者，也兼具了 Hip – Hop 文化的讯息传达者的功能。

6. 音　乐

（1）HIPHOP **音乐介绍**

Hip－Hop 起源于 20 世纪 80 年代，B. P. M 约在 90—110 拍。Rap 和 RNB 是 Hip－Hop 的前生，hip－Hop 含有 Rap 的饶舌和较 RNB 复杂的节奏以及再加上电唱机各种磨片的音效，节奏明显但不过于激烈，音响效果十分悦耳动听，因此自从 80 年代开始就是年轻人一直最喜欢的音乐类型之一。

（2）HOUSE **音乐**

House 音乐内容丰富，以重音为主，节奏较快和强劲，使舞者快感十足。它出现在 20 世纪 80 年代的中后期，是由当时一著名的 House 乐手成功地把 House 舞曲的制作手段引向大众化，在英国，来自 4AD 的前卫电子乐团 M/A/R/R/S 以 House 曲风的《Pump Up The Volume》攀上排行榜并占据 NO. 1 达三周之久。直到今天，House 仍然是最重要的主流舞曲之一。house 的长盛不衰应归功于自身 4/4 拍的结构特性，它为以后的舞曲演进提供了稳固的整体架构和丰富的想象力空间。

（3）RAP **音乐**

RAP 即说唱，又叫唱独白、饶舌。以很轻的低音配以有意思的 RAP（像中国人的数白榄一样，押韵，轻快和有音乐感）就成了 Hip－Hop Raps，Hip－Hop Raps 是 Rap Talk（说唱）的一类，随着 Hip－Hop 的火热，近来的 Rap Talk 倾向于 Hip－Hop 曲风。

三、街舞的定义

（一）街舞定义综述

国内对街舞的定义有数十种，具有代表性的有以下三种表述：

1. **搜狐百科**：街舞是起源于美国，基于不同的街头文化或音乐风格而产生的多个不同种类的舞蹈的统称，最早的街舞舞种为 Locking，起源于 20 世纪 60 年代（注：街舞的英文翻译仅有 Street Dance 这一种，Hiphop 只是其中的一种），动作是由各种走、跑、跳组合而成，并通过头、颈、肩、上肢、躯干等关节的屈伸、转动、绕环、摆振、波浪形扭动等连贯动作组合而成的，各个动作都有其特定的健身效果，既注意了上肢与下肢、腹部与背部、头部与躯干动作的协调，又注意了组成各环节各部分的独立运动。

2. **北舞堂对街舞的定义**：就是所谓的 HIP – HOPDANCE；其实 HIP – HOP 就是各种街舞的总称，事实上，我们所谓的 BREAKING-DANCE 或是 OLDSCHOOL 也正是属于 HIP – HOP 的一种。这种 OLD-SCHOOL 的舞蹈包含着锁舞（LOCKING）、机械舞（POPING）、霹雳舞（BREAKING）、电流（WAVE）。NEWSCHOOLHIP – HOP 是“原地性的 HIP – HOP”。其独有的风格在于它注重身体的协调性（我们所谓的律动），重视身体上半身的律动及增加了许多手部的动作。

3. **搜狐体育网对街舞的定义**：街舞是一种民间舞蹈，兴起于 20 世纪 80 年代的美国黑人青少年，是美国黑人“嘻哈文化”（Hip – Hop）的组成部分。由于这种舞蹈出现在街头、不拘于场地器械，所以称为街舞，并且具有极强的参与性、表演性和竞赛性。在逐渐的发展过程中，街舞青少年形成了一种共同的思想理念和行为方式，他们以街舞来张扬自我个性，展示青春的活力和激情，表达勇于进取的生活态度，他们强调的是“做自己，享受生命，勇于挑战”的理念。

4. **广州黄叶对街舞的定义**：街舞即所谓 Hip – Hop 是指一种美国街头黑人文化，当中包括 Rap（独白）、涂鸦、捽碟及霹雳舞。在大都会中，我们亦会从电视广告和音乐录影带中接触到这种文化。街舞是美国黑人由一种发泄情绪的运动演绎成的街边文化，特色是爆发力强，在舞动时，肢体所做的动作亦较其他舞蹈夸张。最吸引人之处，是以全身的活力带来热情澎湃的感觉。

由上我们可以看出国内现在对街舞在概念的认识上不够统一，有待我们对此做进一步的研究和探讨，以统一人们对街舞的认识，促进其在国内的发展。

（二）国外对街舞的定义概述

1. Africa Bambaataa's Definition Of Hip Hop（“Africa Bambaataa”对街舞文化的定义）

Hip Hop means the whole culture of the movement. when you talk about rap. Rap is part of the hip hop culture. The emceeing. The draying is part of the hip hop culture. The dressing the languages are all part of the hip hop culture. The break dancing the b – boys， b – girls. how you act， walk， look， talk are all part of hip hop culture. and the music is colorless. Hip Hop music is made from Black， brown， yellow， red， white. whatever music that gives you the grunt. that funk. that groove or that beat. It's all part of hip hop.

2. Grandmaster Flash's Definition Of Hip Hop（“Grandmaster Flash”对街舞文化的定义）

Hip Hop is an art form that includes delaying [cutting' & scratching'] emceeing/rapping'. break dancing and graffiti art. These art forms as we know them today originated in the South Bronx section of New York City around the mid 1970s. Hip Hop has thrived within the subculture of Black and Puerto Rican communities in New York and is now just recently beginning to enjoy widespread exposure. From a sociological perspective， Hip Hop has been one of the main contributing factors that helped curtail gang violence due to the fact that many adults found it preferable to channel their anger and aggressions into these art forms which eventually became the ultimate expression of one's self.

3. Zulu nation'definition of hip hop（“Zulu Nation”对街舞文化的定义）

Hip Hop culture is defined as a movement which is expressed through various artistic mediums which we call “elements”. The main elements are known as MC'ing（Rapping）， DJ'ing， WRITING（Aerosol Art）， SEVERAL DANCE FORMS（which include Breaking， Up – Rocking， Popping， and Locking）and the element which holds the rest together： KNOWLEDGE. There are also other elements such as Vocal Percussion/Beat Boxing， Fashion， etc. Within the past 20 years， Hip – Hop culture has greatly influenced the entertainment world with its creative contributions in music, dance, art, poetry, and fashion.

由以上定义我们可以看出国外对街舞的定义十分完善统一，总体上对街舞的定义包括街舞的各种文化因素（GRAFATTI. KNOLEGE. DJ. MC. BREAKING），而不单指街舞的舞蹈动作，国外更强调街舞作为一种文化的发展。

四、街舞的分类

（一）以动作为标准，街舞分两大类：Hip－Hop 和 Breaking

1. breaking 动作介绍

Breaking：技巧型街舞，要求舞者具有较高的力量、柔韧性和协调性，属于技巧性较高的体育舞蹈，这种霹雳舞式的舞蹈风格著名的团体是 Rock Steady crew，它起源于美国街头舞者的即兴舞蹈动作。breaking 动作主要包括 BREAKING 及 STYLE 和 POWER，STYLE 粗分为三部分：TOPROCK 地板动作之前跳的类似一种步法，FOOTWORK 脚部动

图 4—3—2　breaking 动作（图片由北京旋风环球极限文化传媒有限公司提供）

作，FREEZE 动作在刹那间定住。power moves（spinning moves）动作具有强大的冲击力，有点近似体操的动作，但要将个人风格融入这些动作，主要包括 1999*2000* 等难度较高的动作，top or up rock、footwork、and freeze 几个动作。跳这种类型舞蹈的青少年叫作 B－Boy/B－Girl。20 世纪 80 年代，被称为“Hip－Hop 之父”的 DJ Kool Herc 创造了B－Boy 的概念，也就是 Breaking Boy。每年，全世界的许多国家都有一些为 B－Boy 们举办的比赛，较有名的是每年一度的 BOTY（B－Boy of The Year）和在英国举办的 B－BoyChampion，超过 10 个国家的百名参赛选手会参加这样的盛事。

2. Hiphop 动作介绍

Hiphop 舞蹈型街舞，Hip－Hop 舞从字面上来看，Hip 是臀部，Hop 是单脚跳，Hip－Hop 则是轻扭摆臀，它有 Poping、Locking、Electric、Turbo、House 等多种风格。它们都不如 Breaking 那样需要较高的技巧，但更要求舞者的动作协调性和舞感及肢体灵活性和控制力。由于 Hip－Hop Dance 不如 Breaking 那样技巧性强，也缺乏竞赛性，以前没有受到街舞爱好者足够的重视，现在随着舞蹈观念的增强，这种情况得到了改变，甚至 B－Boy 也开始练习并出现了许多全能型的街舞好手。

图 4—3—3　Hiphop 动作

（1）POPING：机械舞，运用身体各部位的肌肉和关节，随着音乐的节拍，加上自己丰富的想象力，创造出令人惊讶的舞步。属于难度较高的街舞类型。

图 4—3—4　poping

（2）FREESTYLE：这是一种出神入化的舞步，它将各种类型的舞蹈混合在一起，随心所欲地表现，没有舞蹈风格的限定，脱离一般舞蹈的规范，可以说是一种个性化的街舞。

（3）Locking：Locking：就是身体做一些很快的动作，然后在一个动作的时候停住，主要是手部转动，锁定等动作。

（4）爵士舞：爵士舞即美国现代舞，是一种急促又富动感的节奏型舞蹈，属于一种外放性的舞蹈，不像古典芭蕾舞或现代舞所表现的是一种内敛性的舞蹈。爵士舞蹈最初是非洲舞蹈的延伸，经被贩卖作为奴隶的黑人群体带到美国本土，而在美国逐渐演进形成本土化、大众化的舞蹈。爵士舞主要是追求愉快、活泼、有生气的一种舞蹈。它的特征是可以自由自在地跳，不必像传统式的古典芭蕾必须局限于一种形式并遵守固有的姿态。

爵士舞是一种快感又富动感的节奏型舞蹈，是一种奔放性的舞蹈，主要是动作和旋律方面的表演，可带给自己与别人自由、自信、性感的个性体验，抒发内心对音乐的真实感情，不作虚饰，舞蹈时所散发出的愉悦的气氛和那种快乐的精神非常具有感染力。主流可分为：抒情爵士 Lyrical Jazz，舞台式爵士舞 Theatrical Jazz Dance，现代爵士舞 Modern Jazz Dance，街头爵士舞 Street Jazz Dance。这里主要说的是街头爵士。其特点主要是结合街舞的随意、自由、奔放、个性，体现自我和性感。

图 4—3—5　爵士舞

图 4—3—6　爵士舞

图 4—3—7　爵士舞

（二）按时间划分

以时代特色为标准，街舞可以分为 Old School 和 New School 两类，前者为20 世纪 80 年代的街舞风格，后者产生于 90 年代，在音乐和动作上都有相当大的改观。

1. Old School 介绍

20 世纪 80 年代以前的街舞动作类型属于 Old School，这种 Old School 的舞蹈包含着 LOCKING（锁舞）、POPING（机械舞）、BREAKING（霹雳舞）、WAVE（电流）。早期 OLD SCHOOL 的音乐，具有非常快的节拍来匹配 BREAKING 的动作，而后随着 HIP – HOP 音乐的演进，人们开始了解 BREAKING 并不适合这些 NEW SCHOOL、HIP – HOP 的音乐［因为所谓 NEW SCHOOL 的音乐比较慢，如果在这种慢板的 HIP – HOP 音乐中作风车或排腿（footwork）之类的动作，会觉得一点爆发力都没有，甚至失去其舞感］。此时 OLD SCHOOL 与 NEW SCHOOL 的舞蹈就开始分家了，那是在 1986 年左右。

2. New School 介绍

早期 New School 的舞步非常简单，如耳熟能详的“滑步”（running man），这在以前 MC HAMMER 及巴比布朗的 VIDEO 中均可见到，或许我们可以称当时这种“劲爆”的 HIP – HOP 舞蹈为 FUNKING DANCE。而到 1992 年初期时，出现了一个叫作 MOP TOP（ELITE FORCE）的黑人舞蹈团体（由 HENRY LINK、LOOSE JOINT、BUDDHA STRETCH 组成），他们发展出一种新风格的 HIP – HOP。有人称它为“原地性的 HIP – HOP”，它不像 MC HAMMER 及巴比布朗时期的大动作、劲爆、大范围式的移动，更没有霹雳舞中那些在地上类似体操的动作。它独有的风格在于其注重身体的协调性（我们所谓的律动）。它重视身体上半身的律动及增加了许多手部的动作，不再像那些旧风格的 HIP – HOP 一样重视大范围的移动以及脚步的动作。

五、街舞的发展

（一）街舞在国内的发展

中国青少年最早接触街舞，始自20世纪80年代的美国电影《霹雳舞》，当时的霹雳舞（Break Dance）就是现在Breaking的前身。随着中国青少年对街舞理解的深入，他们逐步回归街舞的本源，以中国青少年自己的眼光和特点来实践街舞。

除了早期的霹雳舞，自20世纪90年代中期开始，全国各地青少年就已经开始习练街舞。北京、上海、广州因为资讯发达，街舞开展比较早；河南郑州由于中原武术文化与街舞关系密切，Breaking舞蹈也起步较早。现在，全国各地都有练习街舞的青少年，在各个城市的街头广场都可以看到他们扎堆训练的身影。他们还经常组织小型的比赛（Battle，磕舞/拼舞），功夫最好的舞者能够赢得众多青少年的推崇。

青少年对街舞的热情引发了从文化艺术到商业广告对街舞的大量应用。我们看到，在许多知名艺人，如周杰伦、、萧亚轩、温岚的音乐录影带中，街舞少年的英姿频频出现。Nike、李宁、第五季、汇源、金蒂、Nokia等品牌的商业广告也使用了街舞造型，频频冲击年轻消费者的视觉。2003年年初北京人民大会堂上演的舞剧《巴黎圣母院》中，应用了大量街舞动作，形成独特的文化风景。发展到今天，街舞已经融合舞台剧、民族文化等多方面的发展，也带动了其一系列的商业价值！2000年8月，“Battle Of China”在上海东华大学长宁分校举办，一共有来自全国各地的80人参加了比赛，决出了4个奖项。

2001年5月，“广州第一届流行前线街舞大赛”举办，来自广州和海南地区的20多支街舞精英队伍参加了比赛，到场观看比赛的观众多达6000余人，可以说是万人空巷。

2001年10月NIKE公司在NIKE篮球公园主办了HIP－HOOP街舞风雷活动，并且邀请了日本舞蹈团体前来进行交流表演。2001年12月圣诞夜“广州第二届流行前线街舞大赛”拉开帷幕，邀请了舞台、DJ、

MC、司仪等都是街舞界的专家，还邀请了曾夺得过“全国街舞风雷”冠军的郑州街舞“舞星舞团”。香港特别行政区的街舞 TEAM 也报名参加本次大赛，当天更有专业的音乐 DJ 搓碟和制造震撼音乐的精彩表演。

2002 年 5 月，河南举办了时尚 Party 街舞大赛。2002 年 10 月，河北举办了“河北街舞大赛”。2002 年 10 月河南舞星舞举办了全国 B－boy 精英邀请赛。2003 年 9 月，街舞以强大的震撼力进军中国大学校园，《动感地带》中国大学生街舞挑战赛拉开战幕，先后在南京河海大学、哈尔滨工业大学、山西大学、河北师范大学、青岛大学、大连理工大学、郑州大学等 7 所高等学府开赛，从 9 月一直延续到 12 月中旬，大赛共有华北、华东、华中、华南、西北、西南、东北七大赛区，面向 200 多所高校的 600 万大学生展开强大攻势，此次活动还得到了共青团中央、全国学联的指导与支持。2003 年 9 月 29 日，规模宏大，盛况空前的中国第一届“健力宝爆果汽杯”全国街舞电视大赛在北京正式拉开了帷幕。此次大赛由中央电视台体育节目中心、中国健美操协会联合主办，广东健力宝集团赞助协办，中视体育推广公司、北京一动体育发展有限公司承办，李宁体育用品有限公司提供指定奖品赞助。电视大赛由中央电视台体育节目中心主任马国力和国家体育总局体操运动管理中心主任高健担任全国组委会主任，并在全国十大城市北京、天津、广州、南京、沈阳、西安、济南、成都、武汉、郑州成立大赛分赛区。整个大赛期间，中央电视台体育频道为大赛的不同阶段制作了相应的赛事宣传片每日播放，并现场直播了决赛阶段的全部三场赛事。搜狐网作为本次大赛的唯一指定网站，在其体育频道设置专门网页对大赛进行了全面跟踪报道。国家体育总局体操运动管理中心 CSDA 全国街舞执行委员会于 2014 年 5 月 16 日在北京正式成立。全国街舞执行委员会（CSDA）由国家体育总局体操运动管理中心联合全国街舞行业的优秀企业代表和优秀专业人才以及新媒体组成，接受国家体育总局体操中心的指导和监督管理。委员会的宗旨是让街舞在中国健康、持续地发展，满足广大人群的健身、观赏及休闲娱乐要求。这标志着我国街舞向规范化道路发展。

（二）街舞在国外的发展

随着嘻哈文化在世界的普及，街舞也迅速传遍世界。街舞成型之际就已传入日本，并转而传入韩国。日本人创造并发展了许多新的街舞形式，比较注重其中的舞蹈性。而韩国人将街舞融入自己的理解，创造了极具民族特点的嘻哈变体文化：青春靓丽的歌舞组合，旋律优美节奏明快的音乐，简单整齐的舞蹈，绚丽夸张的造型……这种文化自1997年开始风靡中国，被称为“韩流”。日韩这种嘻哈变体文化形成对亚洲其他国家强大的文化影响力。在美国，主流娱乐空间已经被Hip－Hop占据。每年，全世界的许多国家都有一些为B－Boy们举办的比赛和交流会，较有名的是每年一度的BOTY（B－Boy of The Year）和在英国举办的B－BoyChampion，超过10个国家的百名参赛选手会参加这样的盛事，从而进一步推动了街舞的国际发展。BOTY是德国一个国际性的街舞组织，1991年成立，每年都会举办一届BOTY的比赛，从而推动街舞在全世界的发展。2003年就有来自各赛区的14支精英队伍参加了BOTY比赛。各大赛区包括韩国、日本、西班牙、澳大利亚、法国、瑞士、德国、俄罗斯、南非、斯堪的纳维亚地区（瑞典、爱沙尼亚、挪威、丹麦、冰岛的泛称）、东欧地区和巴尔干半岛地区。BOTY的比赛项目分为齐舞（show）和斗舞（battle）两个项目。另外增设了最佳表演奖。2003BOTY最佳表演奖被来自日本的街舞团体Fireworks夺得。我国举办的KOD（Keep On Dancing，以下简称KOD）品牌由“舞佳舞文化传播有限公司”创建于2004年8月，是亚洲最大的国际级街舞赛事。与德国BOTY和英国UK－BBOY被业内共称为“国际三大街舞赛事”，这代表了中国最高水平并且是唯一与世界接轨的街舞比赛！Red BullBCOne也是红牛国际大赛，英国举办的是UK国际街舞大赛，R16是韩国每年举办的街舞大赛，模式接近BOTY。

六、街舞的服饰

HIP－HOP的典型穿着方式主要有：宽大的印有夸张Logo的T恤，

同样宽大拖沓的板裤、牛仔裤或者是侧开拉链的运动裤、篮球鞋或工人靴、钓鱼帽或者是棒球帽、民族花样的包头巾、头发染烫成麦穗头或编成小辫子。而相应的配饰则有：文身 Tatoo、银质耳环或者是鼻环、臂环、Matrix 墨镜、MD 随身听、滑板车、双肩背包 Back - pack 等。这些零星的服装凑在一起，就组成了在美国风靡了整整 20 年的 hip - hop 时尚。

七、街舞的功能

（一）提高学生的身体素质、协调性与节奏感

街舞看似没有规则随意的动作却是非常考验和锻炼学生的协调性，街舞舞蹈风格多样，每一种舞蹈风格都需要学生掌握不同的技术，要求不同的身体素质。例如技巧型街舞要求学生拥有较强的力量，上肢力量，腰腹部力量，身体平衡能力，速度素质等方面都要求学生具有良好的身体素质作基础，其次不同风格的舞步，例如 poping，locking 要求学生具有较强的身体协调性与舞蹈感觉，不同音乐节奏与曲风练习会有效提高学生节奏感。

（二）培养学生的审美能力

体育教育具有培养审美能力的功能。街舞作为时尚健身项目的代表，在动感欢快的音乐背景下通过随意自由奔放的动作，利用其艺术化的教育手段潜移默化地带给练习者精神上的艺术熏陶，使得练习者精神放松、美化心灵，提高练习者的审美能力。

（三）培养学生的创造性

创造力是推动社会经济发展的核心能力。体育教育应该积极培养学生的创造力。街舞运动主张张扬个性，创编属于自己的“绝招”，开发学生的思维能力，鼓励自由发挥，编排自己喜欢又有自身特点的街舞动作，因此年轻人更加喜欢这项运动。

（四）培养学生的竞争力

提高自身竞争力是年轻人必须具备的基本素质，无论是在社会发展到哪个阶段都需要我们具有综合的竞争力。在街舞的“斗舞”比赛中，要求选手根据随即播放的音乐自由发挥，音乐快，动作要快；音乐柔美，动作优美；音乐具有爆发力，动作具有力度，相辅相成；如果即性发挥得好就会取得胜利。所以在街舞比赛中，能够很好地培养学生的竞争力！

（五）改善学生神经系统

街舞运动主要是大小肌肉群都能够有效训练到，音乐有大量的切分音，结合街舞动作律动感的培养，在听音乐做动作时，音乐与动作应该配合，从而让动作具有生命力。在锻炼的过程中，学生的身体素质能够得到很好的提高，动作更加协调，准确到位，可以有效改善学生的神经系统。

八、街舞动作名词介绍

（一）hiphop 动作名词

1. The Pop

Pop 就是一种震动身体不同部位的动作，这是要靠震动你的肌肉来达成的。这是非常需要韵律感的，而且需要配合 Popping 风格的音乐，你可以靠着伸直你的手轴来做 Popping，你也可以将肩膀隆起来做 Popping，而身体的其他部位都保持直立。

2. The Lock Or Locking

Locking 就是身体做一些很快的动作，然后在一个动作的时候停住，主要是手部转动，锁定等动作。一个形容 Locking 动作最好的解释就是：你有玩过那种小小的齿轮玩具吗？当你上紧发条让它动作时，它真的动得很快，可是发条松了，它又一下子停了下来，回到原状，这样看起来是不是很像 Locking 呢？（编者按：个人认为 Locking 应该和 Electric Boogie，Boogaloo 分开，因为它给人的感觉并不是自然的，比较像是快速的）

3. The Tick

这个动作常被用来作为机器人舞的舞蹈中，是 Electric Boogie 中很重要的一个部分，这个动作给人一种错觉，就好像这个人天生就像机器一般，停下来或开始动作的时候都会有一个震动，做这个动作就是要靠震动肌肉，法国的喜剧演员叫这种动作是“Clique”。

4. The Floats Or Glides

Float 或是 Glide 给人一种错觉，好像你的脚在走路时有一种特定的程序，这个动作给人一种感觉好像你想往东走，但实际上你的脚却是往西走一样，最著名的舞步就是 Michael Jackson 跳的“Moon Walk”，这是一个老的喜剧演员的把戏，就像明明要往前走却又往后退。

5. The Slowmove

这个舞蹈动作做起来就像是你在电视上看到的慢动作回放一样，通常舞者会把这个动作和 Moon Walk 一起做。

6. The Wave

这是从四肢开始的波浪的动作。它给人一种错觉就像是有一股看不见的力量穿过你的整个身体，从一个地方开始，穿过手掌，手臂，整个身体最后停在你的脚。波浪的动作是一个标准的动作，包含在每一个舞蹈的例行动作中。不像其他的舞蹈动作，这个动作是流畅连贯的动作，应该是有精神的或是充满律动感的。波浪的动作的确从 Pop 中截取了不少的风格，但是你和 Pop 做一个比较，做 Pop 时如果有一个路径环绕全身，做起来会更加顺畅。

7. The Mannequin Or Robot（Robotics）

这是一个已经存在很久的机械舞蹈风格，就像是模仿一个展示用的假人在现实生活中动了起来，然后从 Mannequin Style 中又分离出两个动作。一个动作是舞者就像是被线牵引的傀儡一般，行动不自由，无法自主，人被其他人所牵引着。你可能曾在电视上看过喜剧演员做这样的表演，最经典的动作就是同手同脚向前移动，在表演中这比不同手不同脚一起移动常被使用。另一个风格就是机器人，这个动作就是你的四肢做动作时被一个固定的速度所控制，然后突然停住或是用Tick停住，就像是只有机器才会做的动作。通常在一个时间里，你只移动身体的一个部分，做得就好像是你被一个计算机程序所控制住一样，动作要做得很制式化。Mannequin：这个字指的是展示用的假人模特儿。

8. The King Tut（埃及皇）

这个动作就像是挂在墙上埃及的壁画及宫殿般的感觉，它包含了摆手部的动作，肩膀和手轴成90度，你的前臂可能是上或下，弯曲或扭转，可能远离你或靠近你，然后你的手可能要循环地上下或是循环地扭转，这要和Tick一起做，就像机器人舞蹈的风格一样，每一个动作是分开的。

9. The Lean

这又是另一个相当受欢迎的喜剧演员的花招，它给人一种错觉好像人倚靠着某一样东西，可是这样东西实际上却又不存在，就像看不见的钢琴就是一个例子。

10. The Collapse

通常和Mannequin结合一起做，这个动作做起来就像是一个轮胎被泄了气一样，或者是像一个被剪断了线的傀儡。

11. The Heartbeat

这是一个很受欢迎的动作，你把手放在外套或T恤底下，然后把衣服往前推，这样看起来就像是你的心脏正在胸腔里跳动一样，通常舞者会一边做动作一边向前走，这会给人一种错觉，好像是你的心跳推着人前进一样。

12. The Bicycle

腿部的动作给人一种印象，好像是你在骑脚踏车一样，这是另一个喜剧演员常用的小花招，这个动作通常会结合手的往前放的动作，这给人的感觉像是你整抓着脚踏车的手把。

13. The Toe/Heel Walk

这个动作通常和Mannequin Dance Style一起做，是一个很棒的方法可以让你在整个舞蹈地板上做动作，它的动作包含了：用一只脚的脚趾做旋转，再配合另一只脚的脚踝一起，然后再将重量移转到另外的脚趾及脚踝上，然后一直做，做得好的话，动作会非常流畅，看起来就像是你滑过整个地板一样。

14. Cobra（King Cobra）

舞者用一只手做波浪的动作传到另一只手去，然后再把它送回来，但是只用到肩膀。（如果你看名叫"Breakin"的电影，在一开始的尬舞中，就有几个人做这个动作，你可不能错过）Body Effects 就是用身体去做模仿的效果。

15. Animation

用身体去做像影片般一格一格的分格动作。

16. Three Dimensional Tickin

比 Depth Tickin 更多元化，包括了在同一个 Tick 中，身体做长、宽、高 3D 般的效果。

17. Pausin

停止或暂时停顿一个动作短暂的时间。

18. Electric Shock

这个动作看起来就像是有一股电流通过身体一般。

（二）breaking 动作名词

记号（*）将标示出动作的困难度。五个（*）是最高难度的，一个（*）则是最简单的。

1. 1990（***）

B－Boy 倒立且旋转，然后随着身体重量的移转由一只手换到另一只手做动作，做到脚着地为止。（俗称手转）

2. 2000（/forum/index. asp*）

用一只手倒立，尽可能的旋转直到脚着地为止。（又称倒立手转）

3. AIRPLANES（/forum/index. asp）

风车加上双手向两旁尽量伸展高到你可以抓住它们。

4. AIRSWIPES（*）

开始时，双手双脚都放在地上，脸朝上。一只手支撑住身体的重量脚往上踢然后旋转，在脚着地前另一只手先着地。如果做得正确的话应该整个身体都能旋转到。

5. APPLEJACKS（**）

一个最基本的动作向其他 B－Boy 挑战街舞。双脚蹲下，背向后仰双手支撑，然后一只脚向空中踢，踢得越高越好。然后双脚向后跳跃，重复。

6. TOW－LEGGED APPLEJACKS

与 Applejacks 一样，不同的是并非踢一只脚，而是踢两只脚。

7. BACKSPIN（***）

利用背部做旋转的表演。所有的重量平衡在背的上半部，脚缩起来尽量靠近身体。旋转的要诀就是双脚在空中做圆形的划动。（俗称背旋）

8. BACKSWIPE（***）

和 Airswipe 是相同的，但是除了当你的脚在一半的时候加进来，你改变方向回到开始时的动作。

9. BARRELS（/forum/index. asp）

风车，双手环抱在前。

10. BELLYMILL（/forum/index. asp）

就像风车一样，不同的是不是用手或用头去转，而是用胃（肚皮）。

11. BHUDDA（/forum/index. asp）

和 UFO 类似，除了膝盖是在伸直的双手中，然后双脚是离开地面的。

12. BOOMERANG（/forum/index. asp*）

开始时坐在地上，双脚在身前形成 V 字形。然后手撑在双脚间，接下来撑起身体，只有手能碰地。然后转圈。

13. BRONCO（**）

先从脚开始，然后是只有一只手向下，脚往后踢然后脚又再次放下，重复所有的动作。

14. BUNNYHOP（/forum/index. asp*）

类似像 Flare，不同的是双脚在身前伸直向上，然后转圈上下跳动。

15. CANNOABALL（/forum/index. asp）

在 Cannonball 的动作中双手环抱着膝盖。

16. FLARE（/forum/index. asp）

类似像风车，脚一样要在空中画很大的圆圈，但是不要动肩膀，而是将重量放在双手上。

17. FISTGLIDE（/forum/index. asp）

动作和位置类似像手转，不一样的是用拳头转。

18. FLOAT（*）

用手让身体做水平的平衡，但是除了脚之外，脚要弯曲以帮助平衡。

19. GENIES（/forum/index. asp）

用手做风车并且横跨过整个胸部。

20. GODOWN

当 B - Boy 在斗舞时，当他很有可能会输掉时所做的动作。

21. HALO（/forum/index. asp*）

风车的动作，但是却不是由肩膀转到肩膀而是用头去转。（俗称刷头风车）

22. HANDGLIDE（/forum/index. asp）

和 Bboy 在做 Float 的动作相似，不同的是只有一只手支撑身体，另一只手帮忙去推着旋转。（我们称为“直升机”）。

23. HEADSLIDE（**）

当一个 Headslide 动作完成后反转，用头停住。

24. HEADSPIN（/forum/index. asp）

用你的头转。要用手和脚去开始旋转。（就是头转）

25. HELICOPTER（*）

一只脚在身体下另一只脚向外伸展，另一只伸展的脚则是做 Horozontalplane 画圆动作时仍然持续伸直，然后越过另一只脚底下再绕道前面去。

26. Hesititations（FREEZE）（**）

停止或暂停，在做 Downrock 圆圈动作时。

图 4—3—8 中央民族大学街舞社团参加街舞比赛获奖

第四节 拉丁舞

一、拉丁舞简介

拉丁舞又称拉丁风情舞或自由社交舞。它是拉丁国标舞的起源。拉丁舞是大众民间舞蹈，随意，休闲，放松是它的特点，有较大的自由发挥空间，它是拉美人民在漫长的历史长河中形成的具有鲜明特点的激情、浪漫而又富有活力、火热的艺术表现形式，深受拉美人民的喜爱，成为他们生活中必不可少的重要的组成部分。

“拉丁”通常是指体育舞蹈中的拉丁舞，体育舞蹈包含两大舞系——摩登舞（华尔兹、狐步舞、快步舞、维也纳华尔兹、探戈）和拉丁舞（伦巴、恰恰、桑巴、斗牛舞、牛仔舞）。拉丁舞起源于古巴热情奔放的舞蹈，古巴是拉丁舞和拉丁音乐的发源地。最初，拉丁的音乐和舞蹈是人们庆祝胜利或丰收的一种表达方式，后来渐渐发展为年轻人相互表达爱慕之情的方法。在发展的过程中，拉丁舞曾因为动作过于热情、表达情感过于直率又没有任何约束而受到排斥，但这并没有影响到拉丁舞的发展，其令人无法抗拒的魅力终使拉丁舞风靡世界。在今天的年轻人中，拉丁是不可阻挡的热潮。无论是音乐还是舞蹈，拉丁风格都在流行。

拉丁舞包括恰恰、伦巴、桑巴、斗牛和牛仔舞；它们分别起源于不同的国家和地区，20 世纪初期在英国被规范和发展并很快在许多国家流行起来；当时以社交、娱乐的形式在社交场所的酒吧非常盛行；20 世纪三四十年代的大上海也非常流行。后来，经过英国皇家舞蹈教师协会的统一规范使其成为一种国际赛事，一直延续至今；其中比较有名的赛事有英国“黑池”舞蹈节（78 届）、英国 UK 国际锦标赛（51 届）、英国国际公开赛、德国世界舞蹈运动锦标赛等。

二、拉丁舞的起源

作为体育舞蹈，拉丁舞最早起源于非洲，由那里的移民带入拉美并与当地的土风舞相互影响融合，逐渐形成了今天我们常常见到的恰恰、伦巴、牛仔、桑巴、斗牛等新的舞种。

拉丁舞是以运动肩部、腹部、腰部、臀部为主的一种舞蹈艺术。参加运动的包括腹直肌、腹内斜肌、腹外斜肌、竖脊肌、背阔肌等上百块肌肉。从 20 世纪 60 年代至今，许多科研人员对体育舞蹈的生理和心理作用做过研究，平均每跳一曲拉丁舞，腰部的扭转有 160—180 次，女子的最高心率可达 197 次/分钟，男子的最高心率可达 210 次/分钟。大约能量代谢为 8. 5 以上，相当于运动员完成一个 800 米的热能消耗量，大于网球和羽毛球的热能消耗，减脂效果很好。

三、拉丁舞在我国的发展

改革开放以后，随着人民物质生活的不断提高，1986 年中国第一次在北京举办了首届“中国杯”国际标准舞锦标赛，1991 年中国体育舞蹈运动协会在北京举办了首届体育舞蹈锦标赛。如今每年都有多项赛事，参赛队伍每年都在壮大，爱好者也非常之多。露天的广场、休闲的社区、时尚的健身房到处都可以见到拉丁舞者的身影。尤其是少儿拉丁舞近几年发展速度很快。

四、拉丁舞的种类

拉丁舞包括恰恰、伦巴、桑巴、斗牛和牛仔舞；它们分别起源于不同的国家和地区。

（一）伦巴（Latin American Dance - Rumba）

1. 起　源

现代伦巴舞是由古巴舞蹈吸收 16 世纪非洲黑人舞蹈和西班牙“波莱罗”舞蹈逐渐完善的。舞蹈动作曾受雄鸡走路启发。20 世纪 20—50 年代又受美国爵士乐和舞蹈的影响。20 世纪 30 年代初，皮动乱尔夫妇在英国表演和推广古巴伦巴舞受到极大欢迎，从而使伦巴舞很快就风行欧洲。

2. 特　点

伦巴舞的音乐缠绵、浪漫，舞蹈风格柔媚、抒情，是表现爱情的舞蹈，与其他拉丁舞不同的特点是在舞步运行中，髋部富有魅力的扭摆，上身自由舒展，在抑扬的韵律节奏下，具有文静、含蓄、柔媚的风格，更加展示了女性婀娜多姿的美态。伦巴舞因在拉丁舞中历史悠久，加之它那异国情调的独特风格，被誉为“拉丁舞之魂”。伦巴舞音乐 4/4 拍。4 拍走 3 步，每分钟 27 小节。

图4—4—1　伦巴

3. 伦巴的基本技术

(1) **脚　法**

所有的向前的走步，首先脚尖接触地板，然后脚对地板产生压力，逐渐由脚尖到脚掌再过渡到脚跟，这个脚法称“掌平”。所有向后的走步都是先从前脚掌带动后才是脚尖、脚跟。在这一步最后，主力腿的脚跟可以自然离开地板。但主力腿不能有任何的弯曲，这个脚法也称“掌平”。

（2）**重心与节奏分配**

伦巴身体转动与髋部扭动动作的产生源于重心的转换。每一步脚的移动占半拍，然后转换重心或身体移动占半拍，在 2 拍的步子是，重心的转移和身体的动作用 1 拍半，为表达这种律动每个步序的数法从第 4 拍开始数：1&2&3&4&1& 再继续重复。

（二）恰恰（Latin American Dance－cha－cha）

1. 起　源

恰恰舞由非洲传入拉美后，在古巴获得很大发展，它是模仿企鹅姿态创编的舞蹈。

2. 特　点

在动作编排上一反男子领舞的习惯，男女动作不求统一整齐，且多半是男子随后。恰恰舞的音乐曲调欢快有趣，4/4 拍，每分钟 29—32 小节。4 拍跑 5 步 SSQQSS（2、3、4&1）

恰恰由于名称动听，节奏欢快易记；邦伐斯鼓和沙球的咚咚沙沙声与动作相吻合，舞蹈又有诙谐、花哨的风格，所以备受欢迎，是拉丁舞中最流行的舞蹈。

图 4—4—2　恰恰，我国蔡杰和刘畅在第 66 届澳大利亚体育舞蹈锦标赛 WDSF 亚太拉丁舞公开赛表演

3. 基本技术

（1）**脚　法**

所有向前步都是脚尖到脚掌给地板一些压力，随步序的诞生逐渐把脚跟降下来，这个脚法为“掌平”。向后步是先以前脚掌着地，然后才是移动到脚尖，做到重心转移后，脚跟才降下。在每个舞步结尾时无重心的脚跟自然地离开地板，膝关节伸直。

（2）**节拍和重心分配**

恰恰音乐结构中把每一个小节的第 4 拍分成均等的两个部分。在舞蹈恰恰的追赶步的1 和2 步便是4 拍的两个1/2 拍形成。重心分布与伦巴略微不同，2 之后的 & 最后一部分是全部重心恢复到原地的前面那只脚上。比伦巴重心转换快一些。

（三）牛仔舞（Latin American Dance - Jive）

1. 起　源

牛仔舞原是美国西部20 世纪20—30 年代盛行的牛仔舞蹈，舞步带有踢踏动作。节奏快速兴奋，动作粗犷，带有举持舞伴和甩动的技巧，是表现牧人强健体魄和自由奔放情绪的舞蹈，具有独特的魅力。后经规范进入社交界和表演舞范畴。第二次世界大战期间传入英国，获得迅速推广。

2. 特　点

牛仔舞音乐4/4 拍，每分钟 44 小节，舞曲欢快，有跃动性，舞步丰富多变，其强烈的扭摆和连续快速的旋转，常使人眼花缭乱，激动兴奋。

3. 基本技术

（1）**脚　法**

Jive 中的 Fallaway 并退步，其脚法为 Ball Flat 脚掌平伏，也就是脚跟要放低，但并不承受身体重量，因为 Jive 的速度太快，很多人只是用脚尖轻点一下就离开了，马上将重心转换到另一只脚，这样做的确很轻松，但可能他（她）不知道，这样做身体少了一个动作，最直观的动作就是少了一个胯部向外打开（out）的动作，这是初学者常犯的错误。

（2）**重心分配**

不断的弹跳使得重心一直在两脚之间，大部分是 5：5 的分配，最多在增加摆荡时为 6∶4。而且牛仔舞基本上脚后跟没有落地的时候，自然全部力量都在脚尖和脚掌之间，而更多在脚尖上。

图 4—4—3　牛仔舞，图片人物为北京体育大学拉丁舞选手王青强、张笑笑（在 2016 年中国体育舞蹈公开赛天津站荣获 A 组新星组拉丁舞第一名）

（四）桑巴（LatinAmerican Dance－Samba）

1. 起　源

桑巴舞是从巴西农村的摇摆桑巴舞传入城市演变而来的，后在里约热内卢狂欢节上公开表演后，以它微妙的节奏和强烈的感情倾倒了巴西人，逐渐形成为巴西的民族舞，是巴西音乐和舞蹈的灵魂。20 世纪 20—30 年代桑巴舞传入欧美。

图 4—4—4　桑巴

2. 特　点

桑巴舞的风格特点是动作粗犷，起伏强烈，舞步奔放、敏捷，富有强烈的感染力。由于它在移动时沿舞池线绕场进行，因此它是拉丁舞种进行性的舞蹈。桑巴舞音乐 2/4 拍，每分钟 48—56 小节。

3. 基本技术

(1) **脚　法**

先只以脚尖接触地板，再换成前脚掌，并加些压力，这个压力有多大，并没有说。实际上这个压力是很大的，它直接关系到你的胯部动作的大小，胯部动作的大小与脚下的压力成正比。脚跟则在步伐抵达定位之前一点点降下：这是告诉你，在身体重量没有转移到预定位置或者说另一只重心脚之前，你的脚跟不可以一下降低到地面，而是一点一点地由脚掌向脚跟滚动，直到充满整个节拍。

(2) **重心分配**

桑巴是迅速移动的舞蹈，因此重心大部分在移动的方向上，比如，前进步伐时，前脚就是重力脚，落地后前后脚的力量分布在7∶3到6∶4左右。而移动时重力脚的前半掌承受力量更多，大约是8∶2左右。

（五）斗牛（Latin American Dance－Paso Doble）

1. 起　源

斗牛，又称帕索多布累，它起源于西班牙，是模仿西班牙斗牛士动作，有西班牙风格的进行曲伴奏的一种拉丁舞。在舞蹈中，男士象征斗牛士，女士则扮演用以激怒公牛的红色斗篷或牛。

图4—4—5　斗牛

2. 特　点

舞蹈应表现出男子强壮英武和豪迈昂扬的气概。斗牛士舞音乐2/4拍，每分钟60小节，一拍跳一节。

3. 基本技术

（1）**脚　法**

除原地点地动作重心放在前脚掌外，其他动作要求用脚踝和脚掌平踏地板上，姿态挺拔，无胯部动作以及膝关节过分的屈伸。

（2）**重心分配**

斗牛时更注重左右脚对于地面的压力，因此基本步时左右脚的重力分配不是那么明显，前进后退走步时，两脚重力分配大约是5∶5。

以上五种拉丁舞具有不同的风格。桑巴的激情，恰恰的活泼，伦巴的婀娜，斗牛的强劲，牛仔的逗趣。风格的不同，最主要的是内涵的理解和把握。总的技术在于胯部的扭动，但每一种舞蹈又有一些小的差别，需要注意的是节奏和旋律与身体协调，身体姿态控制技术和身体律动技术也是拉丁舞构成的主要技术组成。拉丁舞的关键在于对音乐的理解，更主要的是音乐的旋律。通过学舞，练舞，走舞，跑舞，跳舞，成就人们对拉丁舞的热爱与执着，而跳舞是舞者的最高境界。我们大家都知道，音乐是舞蹈的灵魂，舞者通过肢体表现流动的音符，才是舞蹈的最高境界。

五、拉丁舞的基础训练

（一）芭蕾舞把杆练习

借鉴芭蕾舞的训练手段与方法，结合体育舞蹈技术和基本动作，发展体育舞蹈运动员所需的能力与技巧。芭蕾舞把杆练习着重培养人体正确的身体姿态和肌肉用力的方法。侧重于腿部力量的练习，特别是加强膝、踝关节小肌肉群的力量，以解决腿的开、绷、直的特定姿态和腿的控制能力及专项的柔韧、灵巧等素质；通过肌肉对抗性练习提高身体的立度和平衡能力，为跳步、转体等难度动作的发展打下良好的基础。

芭蕾舞把杆练习动作要简单，节奏不要复杂，强调各个部位的基础动作反复练习并要求规范。采用动作由小到大、由下到上的训练顺序，循序渐进，强调局部的练习方法。

基本姿态训练

拉丁舞的成套动作的完成从始至终保持正确的身体姿态，包括躯干、腰、小腹的位置和稳定性以及腹机的收缩，上体的姿态，头、颈、肩和手臂相对于脊柱的位置，脚相对于髋、膝、踝的位置，所有关节的正确位置，脊柱的直线、平衡和有控制的姿态，相对于脊柱的身体重量的正确分配。这就要求我们在进行训练时，必须加强运动员的基本姿态训练。

基本姿态训练的特点

1. **运动强度适中**：形体训练，无论你是安排节奏欢快的动作，还是舒缓流畅的动作，在训练过程中都会把节奏放慢，让运动员更好地体会动作及身体感觉，这个过程的强度自然是逐渐上升，当进行整段动作的练习时，运动强度就会有所提高，以达到训练效果。

2. **注重身体动作感觉的培养**：形体训练中不仅要达到锻炼身体的目的，更主要的是塑造美好的形体，注重培养运动员养成收腹、挺胸的站立姿势，对肢体动作尽可能用长线条的动作来完成，更好地塑造肢体形态，使身体动作与肢体动作协调一致，动作优美。

3. **强调动作与音乐的和谐统一**：音乐与动作的和谐统一使学员更加专注地投入到练习中，完成动作的同时体会音乐的内涵，更好地完成动作，真正地达到愉悦身心的目的。

在此基础上要加强拉丁舞基本动作和基本技术的规范，首先要选择好基本动作中的典型动作，按动作结构由易到难进行练习，我们选择典型动作不仅注意到动作结构由易到难，同时要注意动作的共性。拉丁舞动作变化都是在基本动作的基础上产生和发展的，身体某个部位的动作即有该部位的共性特征，加强基本动作的训练不仅要求学生掌握动作的路线、方向、速度、节奏，掌握身体各部位协调动作的正确方法和韵律节奏，更重要的是使学生掌握这类动作的规律性。

把杆训练内容

手扶把杆进行身体姿态训练，身体屈伸环绕、平衡动作以及转体和跳跃的辅助性练习，不仅能培养规范化的身体姿态，而且能有效地发展腿部及躯干部的柔韧性、力量和平衡能力，利用把杆进行慢动作和分解动作的练习，能够发展细腻的肌肉感觉，有利于掌握技术细节，建立正确的动作概念。通过把杆练习，借鉴芭蕾舞的训练手段与方法并且要根据拉丁舞的训练内容和要求，着重发展所需要的能力与技巧，培养运动员动作的规范性。

把杆训练的内容有：擦地小踢腿、控腿、下蹲和屈伸等基本练习。擦地练习可以是运动员体会出腿的感觉，脚尖、膝盖绷直，上体保持好姿势。小踢腿练习可以增强运动员的控制能力和摆动腿的能力，提高运动员的自我控制能力，寻找最佳的身体感觉。下蹲和屈伸练习能增加运动员的腿部力量和柔韧性，这种练习可以使运动员的关节更加灵活，教会运动员怎样利用地板的反作用力。

（二）加强素质训练

柔韧、速度、力量、灵巧、耐力等素质均是拉丁舞运动员不可缺少的重要素质，尤其是柔韧素质对姿态、形体有着最直接的影响，良好的柔韧素质是完成拉丁舞动作技术和提高动作质量的基础，能体现拉丁舞运动员完成大幅度动作的能力及其发挥动作表现力的能力，对于身体姿态、对完成动作的规范性有着直接的影响。不具备良好的柔韧素质就会影响动作技术的完成和动作质量的提高，使动作受到局限从而变得僵硬。

1. 力量素质

（1）**上肢力量训练方法**

横握杠铃或哑铃作臂屈伸发展肱二头肌；上举杠铃或握杠铃做臂屈伸发展肱三头肌；负重屈腕发展前臂肌；哑铃侧平举发展三角肌等。俯卧撑、俯撑击掌、双杠支撑摆动、双杠支撑移动、双杠屈臂撑、倒立推、倒立爬行等。

专项提高阶段：计时的单臂俯卧撑、负重俯卧撑、自由倒地成俯撑等，各种跳起成俯撑的动作。

（2）**下肢力量训练方法**

负重蹲跳发展股四头肌；负重提踵发展腓肠肌和比目鱼肌；立定跳远；原地连续纵跳，跳绳等。下肢力量是体育舞蹈力量训练的重点，提高力量是提高舞蹈稳定性的基础。

2. 速度素质

（1）负重训练：对运动员四肢负重进行训练，一段时间后，运动员的动作速度会有明显的提高。

（2）加快音乐节奏训练的方法：在较慢的速度下完成一段组合动作，随着动作熟练程度的加强，加快音乐节奏，完成动作。

（3）转体速度训练：需要进行固定的转体动作的反复训练，留头，甩头、定点等特定动作进行练习。

3. 柔韧素质

（1）**发展上肢柔韧性的练习方法**

①双手握肋木直臂压肩韧带。

②双手提后握肋木向前探肩

③与同伴互扶俯身正侧压肩。

（2）**发展下肢柔韧性的练习方法**

①正压腿：支撑腿脚尖朝正前方，膝关节伸直，髋关节摆正，被伸拉腿伸直，脚面稍外开，抬头、挺胸、屈上体。

②后压腿：髋关节摆正，屈支撑腿，被伸拉腿伸直，膝、脚面稍外开，抬头、挺胸、上体后仰压胯。

③侧压腿：支撑腿脚尖膝盖所朝方向与被压腿方向成 90°，膝关节伸直，髋关节充分展开，被伸拉腿膝盖伸直，脚面向上，抬头、挺胸、侧屈上体。

④劈叉控腿：左腿在前或右腿在前，以劈叉的姿势保持不动，控制 5 分钟，练习水平高的运动员可将两脚架高劈叉。

（3）**发展躯干柔韧性的练习方法**

①体侧屈：双脚并拢或开立、与肩同宽，双手举起于头顶上相握，由手带动躯干侧屈直到极限，保持该拉伸状态 10 秒钟。

②体侧转：双脚并拢或开立、与肩同宽，两臂侧平举，向左转动时以左肩带动躯干左转到最大限度控制10秒钟，向右转动时以左肩带动躯干转到最大限度控制10秒钟。

③体后屈：两手正握肋木，双脚并拢或开立、与肩同宽，抬头、挺胸、上体后仰到最大限度保持10秒钟。

在进行柔韧练习时不要用力过度，要循序渐进，伸展动作要缓慢，切忌匆忙。训练前后都要做伸展运动，训练前是为了热身，防止受伤，训练后是为了放松，消除疲劳。练习时要使被拉伸的肌肉有轻微不适感，然后完全放松。反复做几次。

4. 耐力训练

拉丁舞比赛通常运动员都需要一场跳1—5支舞蹈，每一支舞蹈需要45秒左右，单支舞蹈是以无氧代谢为基础，机体在缺氧或氧供应不足的情况下，是由磷酸原系统和糖酵解系统进行供能。运动刚开始时，肌肉的所有能量由ATP—CP分解供给，这一时期将持续十几秒，随着时间的持续，肌糖原分解为乳酸释放出能量进入糖原酵解功能阶段，此供能系统是持续进行2—3分钟大强度运动的主要功能系统。竞技健美操是在1分45秒左右完成的大强度运动，因此是以无氧代谢为主的，从运动生理学角度分析，属于糖酵解功能系统供能。训练时，我们采用80%—90%的训练强度，将心率控制在180—190次/分，采用一次练习持续1—2分钟的计时跑、连续踢腿跳或连续完成成套动作的方式进行肌肉耐力训练。在日常训练中，可以直接让运动员每一支舞蹈多跳30秒，以提高机体的耐力。

（三）音乐节奏训练

在教学训练中，教练要抽出一定的时间给学生讲音乐中有关“节拍”的知识，让学生了解音乐“节拍”的知识，让学生了解音乐的节拍与健美操动作之间的关系。在讲述中，教练员首先要告诉学生什么叫作音乐的节拍（即强拍与弱拍的固定的连续的交替）；音乐中有什么样的节拍（四分之二拍、四分之三拍、四分之四拍、八分之六拍等等）；音乐中的节拍有什么特点（强拍与弱拍的固定的连续的交替）；

节拍在音乐中的规律以及健美操音乐节拍的特点方面的内容。让学生对音乐中的节拍有一个具体的概念并重视起来，以便在听音乐的时候加深对音乐节拍的了解和理解，逐渐能够分出不同节拍的音乐，同时练习健美操动作的过程中注意让自己的动作跟上音乐的节拍。

节拍不仅是音乐的基础，它还是体育舞蹈的口令。因为所有的动作都是按照一定的音乐节拍来编排的，都有一定的规律，而且用音乐的形式来体现，这和广播操口令的作用实际上是一致的。可是有不少运动员一开始对这种口令很不适应，对于音乐的伴奏不知所措，出现了这种情况，教练员应用音乐和口令相结合的方式来过渡一下，让学生逐渐适应用音乐作为口令。首先教练员带着学生和着音乐数拍子，在数拍子时强调强拍开始，依次进行。指导学生理解音乐节奏，提高乐感，提高学生对音乐的理解能力和欣赏水平。

六、拉丁舞的服饰文化

关于拉丁舞的服装要求．因为它的特点是休闲、浪漫、随意，所以穿着时注意款式、风格和花样与拉丁舞吻合，穿着时主要体现出随意和得体，配上鞋的颜色和大小注意整体的协调和吻合。总体要表现女性的曲线，男生的绅士风范。练习拉丁时，女士大多穿样式简单的短裙，也可以穿练习裤，腰上系裙子（跳牛仔时除外，可能踩到裤腿而摔倒）。男士也更简单，穿 T 恤，拉丁裤即可。不过尽量选择吸汗有弹性的布料，选择专业拉丁服装样式，这样的服装既耐穿吸汗，也不容易变形。穿裙子的女士要选择深色或裙子自带的底裤。选择拉丁舞鞋时应该首先注意它的品质，柔软度，其次是要比你正常穿的鞋号码小一号，这样选择的鞋会更有利于你训练。普通比赛时，就要根据所选的项目而选择服装，女士跳恰恰、牛仔、桑巴，选择短款的裙子，不影响脚步的迅速移动、跳跃并能突出腰胯的动作，即紧身而有弹性。而伦巴则对裙子的长度没有太多的要求，只是突出腰胯的动作即可，当然，长的裙子尽量有开衩，这样不妨碍脚部能力的体现。男士，则是精致一些的上衣和拉丁裤子。斗牛时，女士尽量穿颜色浓重的裙子，如红黑颜色、长而大摆的裙子，可以脚踢裙子至手腕处，手可以方便地拉起裙子。男士的服装则没有太多的要求。如果选择多项舞蹈、没有换衣服时间的比赛时，则应以方便为原则，女士要选择短而腰胯紧身的裙子。

第五节　尊巴舞

一、尊巴舞的起源与发展

尊巴舞于1986年起源于南美，已经有20多年的历史了。起源来自一个非常有趣的故事。一天哥伦比亚著名健身教练贝托·佩雷斯走进健身房正准备上课，他忽然意识到自己忘记带健身专用音乐。情急之下，佩雷斯抓起几盒车上的磁带，里面的曲子都是非常传统的拉丁音乐和舞曲。课上，佩雷斯即兴发挥，按照音乐节拍设计随意奔放的拉丁动作，没想到这次即兴的健身课程使得尊巴风格受到大家的热烈欢迎，成为佩雷斯所在健身房最受欢迎的运动项目，尊巴舞从此也被奉为有氧健身减肥舞之中最有效的健身方式。

尊巴运动诞生后，于1999年登陆美国佛罗里达州迈阿密，并很快在全美掀起热潮。尊巴健身公司估计，现约有100万美国人选择尊巴健身。据美联社的报道，尽管美国已有很多健身俱乐都开设了尊巴健身课，但第一家专门的尊巴健身中心刚于2000年1月15日成立，创建人就是琼斯夫妇。如今，尊巴健身公司已在美国及拉美国家拥有大量追随者，他们正在致力于将此项目推广到世界各地。尊巴健身DVD在全世界30多个国家的销售量已超过200万盘。当下，北京、上海等大城市都已经开设了尊巴健身课。2015年7月19日，菲律宾拥有12975人参加了在街头进行的大规模尊巴（Zumba）健身舞课程，打破了吉尼斯世界纪录。2015武夷山国际马拉松赛首次携手建发夸父行动，邀请来自南美的流行舞蹈——“zumba（尊巴）”作为赛前热身表演，将马拉松的气氛推向高潮。这是国内马拉松比赛第一次引入尊巴舞蹈，南美风情与武夷山水相遇，在现场碰撞出运动的火花!

图 4—5—1　尊巴舞

图 4—5—2　尊巴舞

二、尊巴舞的定义

“尊巴”一词最早源于哥伦比亚俚语，意为“快速运动”。英语翻译（ZUMBA）尊巴是由舞蹈演变而来的一种健身方式，它融合了恰恰、桑巴、萨萨、探戈、雷鬼、弗拉门戈等多种南美舞蹈为一体，在动感拉丁音乐的伴奏下完成，是一种全新的活力四射的集体有氧健身课程。

三、尊巴舞的特点

（一）时代性

随着时代的发展健身课程不断改进，尊巴舞蹈舞步多样，动感十足，更加注重对会员身体脂肪的燃烧，符合当前人们对健身课程的需求。一节45—60分钟的尊巴健身课分成节奏强度不同的几个阶段，使运动者充分体验拉丁舞蹈的欢乐、兴奋与浪漫，即便没有任何舞蹈基础的人，也可以得到放松和乐趣。

（二）自由性

尊巴舞蹈在身体形态上并没有要求上体直立、挺胸、收腹、立腰、收臀等严格意义上的控制，而是随意性、自由性的舞蹈，在课程中间你看到教练随意奔放的动作，就会被他所感染，让自己放松，尽情享受舞蹈的自由！健身者可以根据自己的特点和自己对拉丁舞蹈的理解来诠释自己的步伐，这种个性化的创造可以使健身者更加全身心地投入、更好地放松。

（三）表演性

尊巴舞蹈融合了恰恰、桑巴、萨萨、探戈、雷鬼、弗拉门戈等多种南美舞蹈为一体，在动感拉丁音乐的伴奏下完成，是一种全新的富有活力的集体有氧健身课程。动作更加注重对美的追求，强调节奏变化和表现力。在很多会议或活动的开幕式上往往都会有尊巴舞的表演。

（四）安全性、娱乐性

这种健身形式融合了各种南美舞蹈的舞步和节奏，所以节奏感特别鲜明，而且没有什么冲击，对于很多健身爱好者而言，这种健身方式在带来欢乐、兴奋的同时，关节部位不会受到任何不必要的伤害，在尊巴的课堂上，从心理上首先要抛开工作带给你的束缚感，释放压力，尊巴舞步的难度并不是很大，动作随意，也不需要任何拉丁舞蹈基础，对舞步的完成质量没有特别要求，欢快是最重要的，更重要的是在这个快乐舞动过程中，健身者可以最终达到健身减脂的目的。

四、尊巴舞的健身功能

（一）减肥塑形

尊巴的运动特点主要体现在其狂热的音乐节奏和肢体动作上：跳跃、挥动手臂、扭臀、鼓掌、甩头，就像是一场盛大的舞会。长时间大强度的运动对减肥、塑身有上佳效果。在锻炼中，人们可以一边随歌起舞，一边锻炼身体。投入到快乐运动，将你最大的欢乐从你的肢体上表现出来，燃脂、纤体，每节课可消耗 700 多卡路里热量，练完后会大汗淋漓，让人摆脱减肥的烦恼与焦虑。

（二）有氧运动提高心肺功能

尊巴舞蹈健身课程是典型的健身房集体健身课程，动作强调运动量、运动强度、运动幅度，一节课程 45 分钟，动作简单有趣，肌肉伸缩范围被控制在合理有效的范围内，没高冲击动作，对关节损伤较小，也没有器械性负重，对人体没有任何器械性伤害，没有年龄限制，更适合广大人群。此外，运动专家还指出，尊巴运动属于有氧运动，有利于心肺功能，对于想提高身体素质的中年人来说，是个合适的选择。在加勒比海岛国，从 8 岁到 80 岁的人，只要作为健身者并有年轻的心态，就可以享受尊巴带来的快乐。

五、尊巴舞的练习要点

（一）用心感受音乐，理解音乐内涵

心灵放松，身体放松，用心去感受音乐表达的内涵，抒发自我内在真实情绪，读懂特有的南美音乐节奏。只有理解了音乐，才可让动作融入，才能让心灵感受。很多人学习了很多动作，但一直无法进入 Zumba 境界，就是因为缺乏对尊巴音乐的理解。

（二）收紧腹部，主动用力

尊巴舞蹈多数来源于南美舞蹈，强调动作力度，动作节奏，腹部动作要求严格，一定要在收紧腹部的前提下，主动用力完成动作，这样才能最大限度地调动身体肌肉群，达到最好的锻炼效果。动作绵软无力，锻炼的效果和舞蹈的美感就会大打折扣。

（三）强调运动量、运动强度

尊巴舞蹈强调运动量和运动强度。教练或教师会在练习的过程中，强调动作力度，注意动作幅度，动作速度！所以我们在练习的过程中可以先尽可能地让舞蹈动作幅度最大化。通过反复练习，在音乐中寻找对身体的控制感觉。放不开，动作幅度过小，就跟尊巴所洋溢出的激情和诱惑背道而驰了。

第六节　弗朗门戈舞

一、弗朗门戈舞简介

“弗拉明戈”（Flamenco）是由“felag”（农夫）和“mengu”（流

浪的）组成，这个词的来源有力地证明流浪的吉卜赛人是“弗拉明戈”的创造者。大约在15世纪中叶，随着一批吉卜赛人流浪到安塔露西亚，“弗拉明戈”从此在西班牙流行起来。弗朗门戈（Flamenco）才是弗拉明戈的正确翻译，弗朗门戈是西班牙的一种综合性艺术，它融舞蹈、歌唱、器乐于一体，过去流行在西班牙南部，现在已扩展到西班牙的广大地区，并正在成为整个西班牙的代表性艺术之一。现代弗朗门戈分为cante（歌）、toque（琴）、baile（舞）三部分。先有民歌，20世纪50年代为了外国人的需要增大了舞蹈的部分。

构成“弗朗门戈”的灵魂是吉他、舞蹈、歌唱以及热烈的喝彩。

传统的“弗朗门戈”演出，通常是在小酒馆里，吉他手伴着歌手的演唱弹奏，有时来上一段即兴旋律与歌曲呼应，而那些跳舞的人们则可以通过击掌、踏脚以及尖叫来加强节奏、调动气氛，场面热烈而富有戏剧性。在弗朗门戈的演出中，我们常常看见歌手紧皱眉头，面部表情忧郁、愤懑、歌声嘶哑，这是其他演出中很少见到的，人们感到奇怪，但如果了解了弗朗门戈产生的背景，也就不难理解了。弗朗门戈艺术反映了吉卜赛人贫穷、悲惨的命运和处境，并通过诗歌、音乐和舞蹈来表现它。在“弗朗门戈”艺术里，你的手和脚也可以是一种乐器，是一种可以叫作“响板”的乐器。后来，西班牙人把“弗朗门戈”带到了“新大陆”，“弗朗门戈”的节奏又影响了拉丁美洲的探戈、桑巴以及爵士乐。Flamenco是与Bullfighting（斗牛）齐名的民间艺术，地位好比中国的京剧，说是国粹也毫不夸张。

二、弗朗门戈舞的起源与发展

关于弗朗门戈的来源说法很多，有人认为它是吉卜赛人从北印度带来的，有人则认为它来自阿拉伯，但它与吉卜赛人有密切关系则是可以肯定的。相传吉卜赛人从印度巴基斯坦一带流浪到Andalucia（西班牙南部地区），被当地人称作gitanos，他们的舞蹈流传下来被命名为Flamenco，取自gitano的反义词Flandes。再后来，阿拉伯人统治了西班牙7个世纪，也给这种舞蹈以深刻的影响。这样发展的一条脉络始终摆脱不了流离失所的哀怨伤痛及其对生命无常的清醒意识，加上 Andalucia 地区鲜红的土壤滋养出来的热情和活力，似乎从一开始，就烙下了悲怆和激情这两种矛盾而又纠缠的基调。而事实上，这也是 Flamenco 的两种代表风格：jondo 和 chico。此外还有 soleares 舞、bulería 舞、alegría 舞、caracoles 舞、tango 舞、tiento 舞、seguiriya（siguiriya，seguidilla）舞、guajira 舞、farruca 舞、ca & ntilde；a 舞、zapateado 舞等二十多种。

图 4—6—1　弗朗门戈舞

15 世纪西班牙统一后，君主及天主教会强迫犹太人、阿拉伯人改宗，强迫吉卜赛人改变生活方式，他们为了逃避迫害，被迫离家出走，流离失所，逃往偏僻的山区，过着同样的苦难生活，是吉卜赛人用他们的歌喉、舞步、乐器诉说了这一切。到 18 世纪中叶，弗朗门戈已经在安达卢西亚风行一时，但上流社会仍然拒绝它，后来有一位为当时流行的独幕剧《托纳蒂亚》作曲的音乐家采用了吉卜赛的诗句和旋律，情况才有了改变。这个时期出现了不少专业的演唱家，1920 年还演出了第一部弗朗门戈歌剧，1922 年在格拉纳达举行了有名的弗朗门戈比赛，但随后这门艺术就趋于衰微。直到 1956 年在科尔多瓦举行弗朗门戈比赛，1957 年在海雷兹建立了弗朗门戈学，这种艺术才得到复兴和发展。弗朗门戈是目前最为流行的西班牙舞蹈形式（此话太理想了些，该舞蹈实际上是拯救中的西班牙国粹。弗朗门戈的意思是“逃跑的农民”，因此最经典直接的理解就是捶胸顿足的情绪），而西班牙人也以能歌善舞著称于世。弗朗门戈舞与斗牛并称为西班牙两大国粹之一，该舞体现了西班牙的民族文化与特色。

三、弗朗门戈舞蹈特点

（一）动作来源于平民生活

弗朗门戈舞蹈源自平民阶级，所以在舞者的举手投足中表达出人性最无保留的情绪。此舞具有三大要素：伴奏、伴唱和舞蹈，表现主题多为上帝、女人、爱情等内容。有吉卜赛吉他的和奏，或是表现波西米亚的巫术。从表现形式上，表演者一般表情凶悍，而舞步和动作，则极力模拟出一种目中无人的样子，极具挑衅、恐吓、示威、反抗等情绪，表达了舞者充满热情的灵魂以及民族精神。舞蹈主要表现吉卜赛人宣泄痛苦，配上西班牙曲子人的灵魂就深深体会到了那种痛苦，几乎就像是背着沉重的包袱，却依然昂首挺胸欢快地跳舞，虽然步伐沉重却节奏感强烈，灵活舞动手肘的同时却充满了力量。而她们的脚底如有狐在，轻盈而自信的舞步与灵魂共舞，跳舞的弗朗门戈女子也以此倾诉着她们的悲哀。看到弗朗门戈舞者时，从心底涌出的那种感动犹如酸酸的液体。没有任何曲子可以替代吉卜赛灵魂，其实真的不能替代的是骨子里那潜伏着的弗朗门戈的灵魂。

（二）动作热情，体现西班牙民族特色

弗朗门戈舞蹈热情、奔放、优美、刚健，形象地体现了西班牙人民的民族气质，它也是萨尔苏埃拉的重要艺术源泉。这种舞蹈正是表达吉卜赛姑娘爱恨情仇的最佳载体。跳弗朗门戈舞时的动作要领在于注重全身各部位动作间的充分协调，或用脚踏击，或捻动手指发出响声，或手持响板敲击而舞；每个舞句中起止与终结动作的感觉和神态，以及使顺畅的呼吸贯穿始终，手臂的正确使用是弗朗门戈舞中难度较大的部分，需要多年的训练才能真正在脚跟雨点般迅速击地的同时保持手臂以及上身的松弛，它是技术与艺术的完美统一。弗朗门戈舞蹈中的男子非常注重脚的动作，用脚跟敲击地板时发出的节奏十分清脆，女子的舞蹈则更注重手、腕、臂、腰、臀的动作，舞蹈者常常情不自禁地一面踏地，一面捻手指发声，再加上歌声、拍手声、喊叫声、舞步踢踏声、舞蹈者手中的响板声，互相交错应和，表演者与观众心心相印，气氛十分热烈。

图 4—6—2　弗朗门戈舞

（三）动作爆发力强，注重造型感

弗朗门戈舞蹈融合了斗牛舞的手势和踢踏舞的脚步动作，用脚掌、脚尖和脚跟击地踏响，节奏快捷，手腕、手臂和躯干文雅而优美。弗朗门戈不仅是歌（cante）、舞（baile）和吉他音乐（toque）的三合一艺术，也代表着一种慷慨、狂热、豪放和不受拘束的生活方式。弗朗门戈是真正的混血儿，糅合了吉卜赛人的悽哀、热情和奔放，波西米亚和匈牙利人的浪漫和优雅，带着强烈情感符号的腰肢和手臂动作，伴随细碎和复杂节奏的踢踏舞步。弗朗门戈风格注重于内在的爆发力，脚步动作强烈并极具弹性，含有挑衅性的舞姿造型，男子的舞蹈比较复杂，节奏较快，女子舞蹈按照传统，主要是显示手腕、手臂和躯干的文雅及优美。舞蹈者在表演的过程中，伴随着率性而发的“哈列奥”，即拍手、捻指和激动的喊叫。当代最著名的弗朗门戈舞蹈家是伊娃·耶拍贝恩娜，她被誉为最能传承弗朗门戈传统精粹的舞蹈家。

四、弗朗门戈舞蹈的价值

（一）民族性

Flamenco 是与 Bullfighting（斗牛）齐名的民间艺术，地位好比中国的京剧，说是国粹也毫不夸张。从动作内容上表达舞者面对压迫人要挺胸昂头，不屈服。从表现形式上，表演者一般表情凶悍，而舞步和动作，则极力模拟出一种目中无人的样子，极具挑衅、恐吓、示威、反抗等情绪，表达了舞者充满热情的灵魂以及民族精神。舞蹈传达了一个民族人民的精神内涵。

（二）教育性

弗朗门戈舞蹈主要以“上帝”与“爱情”为主题，从精神文化上传达对上帝的忠诚，对爱情的真挚与执着。每次看完弗朗门戈舞蹈，内心总会充满激动和感激，感谢舞者的完美演绎，感谢这种舞蹈传递的真实情感。对于舞者、观众都具有深远的教育意义。

（三）健身性

弗朗门戈舞蹈动作从形式上看手臂动作有力，强调控制力；下肢动作速度快、变化多，强调灵敏和节奏感，因此长期坚持练习这种舞蹈对我们身体具有一定的健身价值。

图 4—6—3　弗朗门戈舞

第七节　肚皮舞

一、肚皮舞简介

肚皮舞是世界上最古老的舞蹈形式之一，也被叫作“Raks Sharqi”（阿拉伯原名）或“Belly Dance”（英文名），是一种强调腹部动作富有东方情调的独舞。现在更多人愿意称它为东方舞蹈。肚皮舞源于中东地区，最早是作为一种宗教仪式，叙述有关大自然和人类繁衍的迂回不息，庆祝妇女多产以及歌颂生命的神秘。这就解释了为什么肚皮舞是以腹部的摇摆和扭动和抖动为主要动作了，这种舞蹈要求赤足，这是为了保持与大自然的联系。随着社会的发展，这种民间舞蹈艺术逐渐被大家接受认可，并开始形成一种时尚的健身方式，在各大健身房和娱乐行业迅速发展起来，是阿拉伯文化艺术的精华。

二、肚皮舞的起源

肚皮舞是源于古埃及人对生育女神的崇拜。相传有一位身材绝佳的妙龄女子，婚后不能生育，来到神庙祈祷。她在神像前投足、扭腰、摆臀，好似舞蹈，祈求生育之神，能圆她的美梦。她那婀娜多姿的优美舞蹈，使在场的祭司们为之倾倒，即刻禀报了法老。后来将她的“舞蹈”作为祭祀舞蹈，这从古埃及文物的壁画中可以找到佐证，而且时至今日，一直流传了下来。在阿拉伯地区，肚皮舞则是女性不对外公开神秘宗教的仪式。

另一种传说是肚皮舞是身心合一的修身养性之舞，是神圣、崇高的宫廷舞。

三、肚皮舞的特点

肚皮舞的特色是，随着变化万千的快速节奏，摆动腹部，使劲地舞动臂部、胸部。这些动作，成为肚皮舞牢不可破的传统舞技。肚皮舞需在平滑的地板上，赤足舞蹈，配合音乐，以极快速、错综复杂之感性肢体动作，快速的舞步，一如欧美的狐步舞般，交叉摇摆的舞姿，时而优雅、时而感性、时而傲酷，妩媚、娇柔、神秘，肚皮舞迷人的身姿，令人目不暇接。

四、肚皮舞的主要流派

（一）现代埃及流派

这是很内敛、优雅、含蓄、神秘而且经常包含一些芭蕾动作的流派。它很强调对肌肉的控制，动作幅度比较优雅，柔美，动作小而不失华丽奔放，穿着优美华丽，有埃及艳后的惊艳效果。对于初学者而言，这种类型的动作比较容易掌握，而且健身效果好。现今闻名的埃及风格舞者包括了 Dina、Randa Kamel、Soheir、Nour & Dandash 等人，近期留名的传奇舞者则包括了 Soheir Zaki、Nagua Fouad、Fifi Abdu。在被视为埃及风格肚皮舞的黄金时期的 20 世纪 40—50 年代，则出现了 Taheyya Carioca，Samia Gamal 及 Na’ima Akif 等令人难忘的传奇巨星。其特点总结如下：

1. 现代埃及肚皮舞表演流派是很内敛、优雅的，于 20 世纪 20 年代以来受到俄国芭蕾舞很大的影响，经常会包含一些芭蕾的动作。由于很强调对肌肉的控制，所以动作幅度比较小。肌肉的控制是以中心躯干为主轴缓慢小幅度的舞动。“极少便是极好”是他们的舞蹈理念，比较注重情感的表达。优雅的律动间，细致的层次动作与优雅微幅的动作为主。

2. 现代埃及派舞者因多信奉回教，舞者衣着保守，以传统服饰为主。在公开表演的场合里受法律规定埃及舞者必须将腹部遮掩住，舞服是做工精美华丽的刺绣，镶上莱茵石、大片绣花与水晶作为装饰，并衬以流苏。较少穿着舞鞋表演。当然也有些民俗的埃及舞者身穿更加艳丽的服装，有着华丽耀眼的装束。通常它的装束是一件合身的有腰带的长袖衣服，衣服的一边或者两边有开口，叫作 Beledi 长裙。单边开襟或是双边开襟的土耳其长袍。三角形的头巾也是常见的佩饰。

3. 大多数的埃及风格肚皮舞表演者绝少在表演中使用指钹，地板动作也很少出现在典型的埃及风格舞蹈里，因为政府公开禁止之故，但是偶而在私人派对里表演的大烛台舞里会出现展现平衡美感的地板动作。在埃及风格里较为常用的手具包括牧羊棍或是竹篮、藤茎、烛台舞及被称为 Melaya 的舞蹈。另外还有男舞者的功夫舞，手持古代战争中常见的长棍做演出。

图 4—7—1　埃及流派肚皮舞

图 4—7—2　埃及肚皮舞

图 4—7—3 埃及肚皮舞

4. 埃及音乐主要包含的几个元素，有弦乐演奏、打击乐器、吹奏乐器和歌者的吟唱。音乐中有一个显著的特点是唱词和旋律有很多的回旋和反复，主旋律的部分会重复很多次，次要的部分就穿插在音乐中。表演方式以融合混音、弦乐、现代鼓以及舞者的吟唱为主。现代埃及肚皮舞多半与混音特效、交响乐团与机器鼓搭档表演，而以现场人声演唱增加气氛。美国舞蹈家和摩洛哥某些跳舞老牌都极其喜爱并倾向于原始的埃及舞蹈。

（二）土耳其流派

这一流派提倡“怎么样都好”的舞蹈理念，动作小而精，快而密，舞蹈常伴有突出的土耳其鼓点音乐，极具土耳其风格，土耳其舞者通常穿着较少，以更好体现女性性感柔美的一面。在过去历史上著名的土耳其风格舞者包括了 Tulay Karaca、OzelTurkbas，较为近期的有 Prencess Banu、Sema Yildiz 及 Burcin Orhon。目前崛起的新星则有 Asena 与 Zinnur Karaca；传奇舞者 Tulay Karaca 的侄女。其特点总结如下：

图 4—7—4　土耳其肚皮舞

1. 土耳其肚皮舞的发源地并不是土耳其，而是源自古埃及，并且是皇室的舞蹈。

2. 土耳其肚皮舞在演绎的过程中，如今已经划分为两种形式，一种是土耳其民族肚皮舞，一种是土耳其表演肚皮舞。土耳其民族肚皮舞讲求形式、习俗、传统和舞姿。土耳其表演肚皮舞则是个人的发挥和创意，适合在舞厅或者酒廊表演，无拘无束，自由潇洒。在土耳其，这种舞蹈早已演化成为纯粹的表演舞蹈。作为土耳其的民族舞蹈，土耳其肚皮舞在当地也会为了庆祝一些民族节日而表演，土耳其不同的城镇里都有着属于自己的不同的民族舞蹈，唯独肚皮舞是土耳其各地都有且一直流传的传统舞蹈节目，伴随着特殊音乐，往往会由专门穿着特殊服饰的女士跳的一种舞蹈。土耳其肚皮舞以其动作大胆、奔放，幅度很大，胯部动作夸张，穿着暴露，极具视觉冲击力而区别于其他风格的肚皮舞流派。

3. 土耳其肚皮舞是一种非常女性化的、一般限女性来跳的、极其性感的舞蹈，但是这并不代表引诱勾引。事实上，在土耳其不仅男人看这种舞蹈，女士、女孩甚至小孩也能一起观看。肚皮舞者通过跳起肚皮舞来放松神经，燃烧腰腹部脂肪，尤其是妇女生过小孩之后，跳跳肚皮舞以期重塑曼妙身材，也不失为一种极好的方法。

4. 土耳其肚皮舞往往会要求舞者把全身上下的关节完全运用上，但是最难的仍然是把肚皮的动作发挥得淋漓尽致，当肚皮舞者随着音乐翩翩起舞，她们舞动的不仅仅是舞蹈，也是土耳其人充满激情和阳光的生活和艺术。

5. 土耳其肚皮舞音乐的演奏乐器包括阿拉伯手鼓、类似于小提琴的弦乐器、类似于吉他的弹拨乐器、键盘乐器、双簧管、竖笛，等等。土耳其风格音乐中的人声演唱，用的是舌音而非埃及风格式的喉音。舌音较为明快清亮，而喉音则显得苍凉厚重，然而这个区别常常不大好辨认，因为舌音和喉音都有低音高音之分，对于非专业人士来说，低音的舌音和高音的喉音常常不太容易辨认。土耳其音乐最为独特之处还在于指钹的加入，有的音乐曲目中已经加入了指钹的节奏，而大多数的时候，是由舞者配合着音乐的鼓点节奏，边做舞蹈动作边敲指钹，不同的指钹节奏配合不同的鼓点节奏。指钹是土耳其肚皮舞中最为常用的道具，也是土耳其音乐的标志。

（三）黎巴嫩流派

黎巴嫩流派是介于现代埃及和土耳其风格之间的一种肚皮舞流派。动作优美中带有欢快，动作有快有慢，连绵起伏，具有丰富的腹部肢体语言和令人眼花缭乱的臀胯技巧。黎巴嫩舞者在进场时使用纱布的时间较长，习惯穿着舞鞋表演。常见的舞蹈道具包括指钹与牧羊棍，偶尔也会出现剑舞或刀舞的表演。黎巴嫩的民族舞包括德布卡（Debke）、Khaleegi（波斯湾风格）及赛得舞蹈。现今闻名的黎巴嫩风格舞者包括了Amani与Samara，而最具代表性的传奇巨星则是娜迪亚迦茉尔（Nadia Gamal）。音乐特点就是结合了传统中东与时尚欧洲的元素。舞逸生香非常喜欢这种融合风格的乐曲，不失传统的鼓点，又有流行的风尚。

图4—7—5 黎巴嫩流派

（四）波斯流派

波斯流派是与多数中东国家不同的一种舞蹈。有少量腹部运动和波动，更多的是优美的手臂运动和肩膀摆动及转动，有时加入一些宗教性质的舞蹈成分。动作优美，神秘。穿着较为保守，但不失华丽。波斯的传统唱法较为独特，演唱中常运用一种称之为“塔赫里尔”的真假声交替唱法。器乐演奏中的自由节奏是波斯音乐的一个特点。现今代表性的乐器有塞塔尔、塔尔、卡曼恰、桑图尔和通巴克鼓。

五、肚皮舞服饰与道具

肚皮舞服装通常由三部分组成：露脐小上装、镶有亮片的臀部腰带、低腰裙或灯笼裤。另外还可以根据个人喜好配上面纱及相应的饰品，需要注意的是全身的服装颜色一定要上下协调，有整体感。

（1）露脐小上装。在跳肚皮舞时最好是以短款小上衣为主，这样不但有利于运动透气，而且更加显现出女性的曼妙身姿。也可以用适合自己的普通文胸，在上面绣上漂亮的彩色亮片和七彩小珠，增加视觉美感。

（2）镶有亮片的臀部腰带，起着点缀臀线、加强跳舞时的动感的作用。由结实的材料如天鹅绒制成，可以是V形，也可以是波浪形，下面缀上长长的珠链。腰带的位置通常是肚脐下四个指头以下，附在低腰长裙或灯笼裤外。

（3）低腰长裙或灯笼裤。用轻盈透明的布料如丝绸、软缎做成，穿上去刚好落在肚脐以下、臀部以上。裙子要长，这样转起来飘飘洒洒地很好看。裙子可以做成分开的七片，或者只是前面分开，这样既便于跳舞又显得很性感；灯笼裤的外边可以开叉一直到脚踝，由于外面系有带有链珠或亮片的腰带，跳舞时身体时隐时现，显得很迷人。

（4）面纱。面纱使舞蹈更添神秘，多了几分异国风情。面纱通常两米长、一米半宽，用透明、轻盈的布料做成，面纱四周可以缀以亮片做点缀。

（5）饰品。包括戒指、手镯、项链、腰链、脚链等，总之，尽可能多地让身体各部位挂上这些叮当作响的饰品，会使整个人更加摇曳多姿。

（6）道具。肚皮舞可以配合各种道具，如纱巾、手鼓、拐杖、烛台、顶灯等，以达到更丰富的舞蹈内涵。

六、肚皮舞的健身功能

（一）**减肥功效**：肚皮舞最大的特点就是腰、胯部的动作突出，在扭动中消耗热量，对于腰腹部的赘肉有明显的减脂效果。另外，作为一种全身运动的舞蹈，可以让腿部、臀部、肩膀以及颈部、手臂都得到充分的活动，从而舒活筋骨，增强身体柔韧性。

（二）**调节内分泌**：肚皮舞还能调节女性内分泌系统，促进盆腔血液流通，内在按摩腹腔子宫器官，对月经不调、痛经等妇科疾病也有一定的疗效。

（三）**提高艺术审美能力**：肚皮舞注重音乐与感觉合拍。当然，每一个练习者的水平不一样，舞蹈的节奏有快有慢。肚皮舞追求的最高境界是即兴舞蹈，练习者可在跳舞过程中，现编现造、现想现用地不断变化而形成自我的艺术形式，以肢体语言抒发自己内心的活动。在音乐中，练习者的个人气质和魅力能得到提升。

第八节　莱美健身（LES MILLS）

一、莱美健身的起源与发展

Les Mills 起源于家族产业，LES MILLS 国际公司（LESMILLS INTERNATIONAL）是一个新西兰的知名家族企业。它的前身“LES MILLS 健身世界”（Les Mills World of Fitness），兴建于 1968 年新西兰的奥克兰市。其创始人——Les Mills 先生曾四次代表新西兰参加奥运会，并且连续担任过四届奥克兰市市长。现在 Les Mills 先生本人已经渐渐淡出了他一手经营起来的生意，但是他的家族成员们接过前辈传下来的接力棒，继续带领这个从 1920 年便踏足健身康体行业的企业走向成功。他的儿子 Phillip Mills 认识到健身俱乐部的主要盈利点在于吸引更多的人参与有氧课程的训练，而富有吸引力的有氧课程必须简单、有趣、安全、有效。为此他带领自己的教练员团队创造了一个全新的有氧运动项目——BODY PUMP。这个项目的理念是——让杠铃走进操房，让减脂塑身训练充满乐趣！这个理念给传统的健身训练，带来了新的革命。在此基础上还发展出一系列的健身新课程，创建了完善的教练培训体系和独特的集体健身管理体系。自此，由预制套路、教练员培训和集体健身管理咨询组成的 LES MILLS 健身训练体系正式诞生了。Les Mills 家族更是组建了 LES MILLS 国际公司（LMI）专门负责向世界各地的俱乐部推广莱美健身训练体系（LMBTS）。这个体系让 LES MILLS 的家族事业从一个小小的新西兰健身俱乐部，变成了世界健身康体产业的著名产品供应商，成为世界有氧健身领域的领航人。自 1996 年以来，5 大洲的 50 多个国家的 6000 多家俱乐部引进了 LMBTS，在澳大利亚有超过 50% 的俱乐部引进了 LMBTS。所有编制出来的运动套路通过 LES MILLS 系统的培训体系，以 DVD、VCD、CD、套路说明书的形式传递给全世界 5 万多名 LES MILLS 教练员，以确保世界 50 多个国家的锻炼者都享受到标准的、质量一流的锻炼课程。

莱美健身系统提供的是一套针对锻炼者生理以及心理的训练，它可以改善或增强锻炼者的力量、忍耐力、有氧运动能力、身体协调性、柔韧性和敏捷性，帮助锻炼者保持生理及心理的健康状态。当然，少不了改善锻炼者的形体，使之更健美。LesMills 是在 1998 年最初引入中国深圳的。

二、莱美集体健身课程

Lesmills 集体健身课程，包括 BODYPUMP、BODYJAM、BODYCOMBAT、BODYBALANCE、BODYRUM、BODYVIVE、BODYSTEP、BODYATTACK 等。

（一）BODY PUMP：即杠铃操，在练习应用踏板、杠铃、杠铃片，通过节奏快慢变化、重量大小改变将有氧运动与无氧运动完美结合达到良好的塑身效果。

图 4—8—1　BODY PUMP（图片由莱美中国官网提供）

（二）BODY BALANCE：是一种融合了瑜伽、太极和芭蕾、普拉提等运动项目的身心训练项目。

图 4—8—2　BODY BALANCE（图片由莱美中国官网提供）

（三）BODY COMBAT：一个极受欢迎的搏击项目，将中国武术、泰拳、西洋拳击、空手道、跆拳道等结合在一起，在注重锻炼耐力的同时提高全身的力量和灵活性，进行全面的体能调节，消耗大量卡路里，修整肌肉轮廓，并能自我防卫的项目。

图 4—8—3　BODY COMBAT（图片由莱美中国官网提供）

（四）BODYATTACK：是传统的有氧健身操，包括健美操基本步伐、俯卧撑、仰卧起坐等基础课程。

图 4—8—4　BODYATTACK

（图片来自：http：//www. lesmills. com. cn/kcshow. asp？ id = 10&id2 = 1）

（五）BODYJAM：把世界各地的舞蹈风格糅合在一起，精心编排的动作中包含了拉丁、Funk、Groove、加勒比舞蹈、街舞、爵士等风格的舞蹈元素，体现有氧运动为核心的综合舞蹈课程。

图 4—8—5　BODYJAM（图片由莱美中国官网提供）

（六）BODYRPM：就是激情 spining，被称为脂肪燃烧弹的韵律自行车项目；特点是消耗体能快，可以有上坡，平骑，下坡的感受。

图 4—8—6　BODYRPM（图片由莱美中国官网提供）

（七）BODYSTEP：是一项简单易学的充满乐趣，结合运动技巧，使用可调节的踏板高度，单踏板或双踏板，并在音乐中不断以踏板进行上板下板的运动，是一项很好的提高心肺功能的健身项目。

图 4—8—7 BODYSTEP（图片由莱美中国官网提供）

（八）Body ViVe：它是一项低损伤，可根据自己的实际情况来调节运动强度的健身项目，通过使用 VIVE 球、橡皮筋和可调节的手上力量，达到锻炼全身的效果。

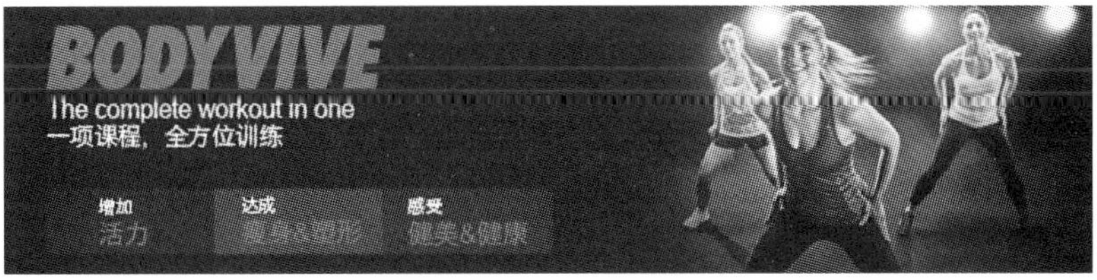

图 4—8—8 Body ViVe（图片由莱美中国官网提供）

（九）SH'BAM：课程是一项趣味性强、让人疯狂上瘾的舞蹈锻炼课程。在这项课程中，你可以完全释放自我，不需要有什么舞蹈经验，只需要抱着好玩的心态，面带笑容就行。抛开那种自己可能会一个人傻坐着的念头吧——即使走进来时你觉得自己不会跳舞，但走出去的时候你就会发现自己真的可以跳舞！

SH'BAM 课程有 45 分钟和 30 分钟两种课时可选。

图 4—8—9 Sh'bam（图片由莱美中国官网提供）

（十）CXWORX：课程锻炼的是身体核心肌肉群，为您提供拥有强健体格所需的重要锻炼内容。强健的核心肌肉群会让您做任何事都很出色，从日常生活到您最喜欢的运动——是拥有完美生活的必有力量。CXWORX 课程的所有动作都有多个选择。因此，虽然有难度，但是完全可以在自己的健身水平基础上做到完美训练。在 30 分钟的训练课程中，教练会指导您采用正确的方法来完成阻力管、杠铃盘及仰卧起坐和支撑等负重练习。您也会得到髋部、臀部和下背部肌肉的锻炼。

图 4—8—10　Cxworx（图片由莱美中国官网提供）

（十一）GRIT：课程属于高强度间歇训练，而高强度训练指的是耗时较短的高强度运动以及接下来的恢复期。它的基本构成是下苦功去运动，它的基本构成是高强度运动、休息、然后再重复。这种类型的培训训练形式已经被奥运会运动员们使用多年，是目前世界上最流行的健身趋势之一。科学证明，LESMILLS GRIT 训练可以使您的身体在锻炼后的几个小时仍然燃烧卡路里。您可以从周围的人以及帮助您的教练那里得到支持。每次进行 LESMILLS GRIT 训练都会让您信心倍增并取得成就。它会迅速帮您塑造一个精壮和健美的身体形态，而且一切仅需 30 分钟即可完成，太容易了。俗话说好事成三，LESMILLS GRIT 也不例外。它拥有三种锻炼方式——有氧、力量和增强式训练。每次锻炼都是伴随着最奔放的乐曲进行的，这会激励你挑战你的身体极限！

图 4—8—11　GRIT（图片由莱美中国官网提供）

三、莱美健身课程优点

（一）改变单一教学观念，开创多元综合的教学新思路

Lesmillss 集体健身课程体系，主要的优势表现在卓越的团队创作、全新的季度更新、安全系统的科学设置、优越的品质保证及教学内容系统丰富，教学形式新颖。LES Mills 的编辑小组由知名教练员、专业音乐剪辑专家、运动生理学家组成。通过大家的共同钻研、精心编排，制定出套路及全新的课程设置，汲取各国优秀的传统健身文化，中国的武术、韩国跆拳道、印度的瑜伽，欧洲拉丁舞、美国街舞，每一种课程都集中展现民族性、发展性和时代性的多元特征。从而形成了一个具有各种风格的综合内容健身项目，使套路操更具有趣味性、多变性。如 BODYJAM，就结合街舞、爵士舞、拉丁舞多种元素；而 BODY-BALANCE，结合太极、瑜伽、芭蕾与普拉提等元素，BODYCOMPACT，则结合搏击、武术、跆拳道等元素。相比之下当前我国本土的健身课程在教学内容及形式上略显单一，国内的有氧舞蹈，一般是指拉丁舞，更确切地说是拉丁健身操，而街舞、爵士舞也只设为单一课程，有氧搏击课搏击健美操，较少涉及武术、太极部分。

（二）动作套路简单，多样，编排巧妙

Lesmills 健身课程体系动作编排，体现“简单、多样、安全、有效”的宗旨。他们有一流的专业团队进行为期三个月的专业编排每一种类课程，动作编排巧妙，流畅，简单易学。

（三）音乐选择时尚、动感，风格多样化

Lesmills 健身课程体系音乐选择，围绕前沿流行音乐趋势，选择动感十足的音乐类型，用音乐带动气氛，用节奏调节强度，通过对多种风格音乐的剪辑与编辑以满足成套动作多样化的风格。尤其在 BODY-JAM、BODYCOMPACT 中发挥到了极致。

（四）器械应用完美，能量消耗大

Lesmills 健身课程体系器械练习课程，主要是指 BODYPUMP、BODYRMP。据调查 BODYPUMP 课程利用器械踏板、杠铃、杠铃片，通过节奏变化与重量变化，增加运动消耗（据资料显示，一节 BODYPUMP 课程可消耗 600 卡路里）。而 BODYRMP 课程则是通过音乐，速度与坡度的变化增大消耗（据资料显示，一节 BODYRMP 可消耗 900 卡路里）。

（五）意念—身体的结合，缓解压力，陶冶情操

通过 IDEA（IDEA 是一个国际性的健身组织，基地位于加利福尼亚州，运动专家专业和教育协会）成立的意念—身体运动委员会对这一概念进行了精确的定义：意念和身体训练是集中了高深的内在意念指导的身体训练。Lesmills 健身课程体系身心训练项目，是指 BODYBALANCE，它结合瑜伽、太极、普拉提与芭蕾为一体，依据自然法则预先设计的动作组合，让您轻易掌握练习技巧，感觉修长、强健、集中和平和，参加者完全没有年龄、性别和身体状况的限制，被认为是达到更高生活质量的一种非常好的锻炼方法。这一训练课程备受会员喜爱，在提高柔韧性、陶冶情操、缓解压力方面有显著功效。

（六）每季更新，提高会员学习兴趣

每隔 3 个月，LESMILLS 健身训练体系下的运动套路进行一次全面的更新，以保持锻炼者对各个项目的兴趣，避免因为套路陈旧、缺乏变化和活力而丧失会员。所有这些项目的理论基础就是——预制套路理论，即根据选择、制作好的音乐，事先编排、组合好基本的技术动作。形成一个统一的套路，然后传授给所有的加盟教练员。在这三个月期间你可以选择不同的教练员，感受不同的教练风格，但教学内容相同，可以充分学会每一个动作。

第九节　动感单车

一、动感单车运动的起源

动感单车（SPINNING），是由美国私人教练兼极限运动员 JOHNNYG 于 20 世纪 80 年代首创，是一种结合了音乐、视觉效果等独特的充满活力的室内自行车训练课程。动感单车在克服了室外行驶的一切缺点后，由于技术上的改进，使得这项运动在简单易学之余，成为一项能够使全身得到锻炼的有氧运动。15—50 岁的人都适合。但是由于绚丽灯光和分贝较高的音乐，目前选择动感单车的人士集中在 20—35 岁之间，大多为年轻白领。

图 4—9—1　动感单车

二、动感单车的设计理念与结构解析

（一）动感单车设计理念

1. **注重安全性**：动感单车是经过科学的实验设计采取人工力学工程的方法，选择适合人体要求，不劳烦腰部，还能使得健身达到最大的效果，每个脚踏板上有两个固定的鞋套，防止健身者在运动的时候将鞋子甩出去，秉承安全设计的理念。

2. **注重全面锻炼**：动感单车根据自己承受的锻炼量分为：力度锻炼和强度锻炼。根据调整自行车的阻力来选择适合自己的锻炼强度。你也可以选择自己适合的锻炼方式，有坐势与站势两种方法，要选择适合自己的方法，两种方式都能够有效地锻炼自身的腿部肌肉及腿部的力量与耐力，对促进骨骼的生长挺有好处。如果你想对腿部增肌，建议采取力度锻炼，如果想达到减肥燃脂的目的，建议选择强度的锻炼。在以腿部为中心的锻炼过程中，臀部、腰部、背部、手臂的肌肉都能得到充分的锻炼，同时还能够增强你的心肺功能。

（二）动感单车结构解析

动感单车基本与普通单车相似，包括车把、车座、蹬板和轮子几个部分，车身稳固地联结为一个整体。与普通单车不同的是，它的结构可以做很大的调整，使骑行的人感觉更舒适。上车之前，首先要决定座位的高度，通常这个高度以自己站在地面、抬起大腿并与地面水平时的高度为准，这样在骑行的时候，大腿与小腿的夹角不会过小，从而减轻了膝盖的负担，避免其受到损伤；然后以座位的位置决定车把的位置，手扶在车把最前方，手肘靠在最近把位上最为合适，身体要紧凑，手臂伸向前方不觉得吃力就好。车把的高低也可以根据骑行者的身材升降。

1. **车头**：由把手及水壶架构成，水壶架的设计考虑长时间的健身运动随时需要补水的需求。

2. **挡泥板**：位于车体与刹车系统间的挡泥板，这挡泥板的作用和普通单车差不多，是保护飞轮免受汗液与锈迹的侵蚀的。

3. **飞轮**：飞轮的主要作用是配重，也就是增加运动的负荷以起到加大训练强度的作用。

4. **电子刹车系统**：很多的动感单车上都配有电子刹车系统，这也让很多动感单车运动者能够在疲惫的时候更好地控制和把握节奏。

5. **曲柄和脚踏**：这同样是普通自行车的类似结构，起到一个驱动的桥梁作用，动感单车大部分的作用都是通过曲柄和脚踏体现出来的。

6. **座椅**：动感单车的座椅高度是可以方便调节的，这是为了让不同身高的人适应同样的单车，是非常人性化的设计。

7. **车身固定框架**：这是动感单车的一个整体框架支撑结构，基本上所有的动感单车固定框架都是由金属打造的，这也是动感单车能够支撑体重超标的人的主要原因。

三、动感单车的健身功能

动感单车和所有的有氧运动一样，在充分激活身体的运动细胞后，在消耗能量的同时达到减脂的目的。动感单车是现在健身房中运动量最大的器械之一，对体能的要求非常高，通常一堂课能消耗 500 卡左右的热量，同时也排出很多汗液，身体的水分流失很快，因此要及时补水。但是大量的水分流失并不代表它是靠“减水”来减肥的，如果你在运动的时候戴上心率表，就会很清楚地看见自己在运动过程中，从哪一刻开始就完全是在消耗脂肪了。在以腿部为中心的锻炼过程中，臀部、腰部、背部、手臂的肌肉都能得到充分的锻炼，同时还能够增强你的心肺功能。

四、动感单车的练习方法

（一）练习频率

每周至少要上三节课，每次课都要全力以赴，达到最好的练习效果。国内的课程一般一节课45分钟（在外国一节动感单车课是60分钟），而这45分钟的动感单车课会燃烧400到500卡路里热量，相当于长跑一个半小时。这一节45分钟的课程，教练会用不同的音乐把它串起来，一般开始的时候会是5分钟的慢节奏用来热身，而越来越快的节奏会让你很快进入状态，最后几分钟的放松也会让你全身彻底的舒展开。

（二）练习方法

循序渐进，逐渐加快速度，开始先不要着急，首先掌握好单车的使用方法，在教练员的指导下进行练习。正确掌握骑车身体姿势。

1. **骑行的正确姿势**：双手握把，身体微前倾，膝关节向前，自然屈伸蹬踏。(见图3—7—2)

图4—9—2　骑行姿势图

2. **上坡**：旋转重量控制钮，增加腿部承受的力量，开始时上半身前倾，接着需要整个身体离开座位才能让轮子旋转起来。这个重量的控制非常关键，千万不要让脚蹬带着你的腿运动，而是要掌握主动权，完全把握金属轮的转速，将力量着重放在大腿上，同时能够感觉臀部和背部肌肉群此时也非常紧张，非常吃力。腿部近乎伸直，减轻了膝盖的负担，锻炼的重心是大腿和小腿的肌肉，身体稍向前倾斜。

图 4—9—3 上坡姿势图

3. **下坡**：制造下坡的感觉可以把重量控制钮调到最轻，腿部基本没有负担。轻松地踩踏脚蹬，双手离开车把，上半身挺直，双手放松放在把上，像要和清风拥抱一样。通常此时音乐比较柔和，把运动的强度降到最小。

图 4—9—4　下坡姿势图

（三）运动中需要避免以下情况出现

1. 在脚踏车上避免使用负重器，在车上举重是无效而且不安全的。运动肌群在稳定状态下进行重量训练才是最有效的。

2. 单手或放开双手骑车不安全，在站姿或是跳跃的情况下可能让你严重受伤；在坐姿爬坡时，会造成腰部受力不均而受伤。

3. 踩踏时双脚应与地面平行，脚掌在脚踏板的正中，避免脚趾朝下，这样会造成骨结节发炎和脚部麻木。

4. 合理增加阻力，无阻力的踩动不仅浪费了宝贵的运动时间，而且，在高转速的情形下不加阻力踩动也会造成运动伤害。

5. 不要逆向踩踏自行车，向后踩的动作会使脚踏松动，很可能致伤。研究证明，向后踩与向前踏使用的是同样肌群，消耗等量的热量，因此向后踩没有任何必要。

6. 在坐姿的时候不可以使用握姿，这样很容易造成髋关节以及脊椎的过度弯曲，从而产生腰部疼痛。当需要往上看时，这种握姿易造成颈部的拉伤。

7. 阻力：唯一不需要阻力的时候就是热身和缓冲时。要随时保持对脚踏节奏以及前轮的控制。

8. 冲刺：所有在脚踏车上的加速动作都要在阻力的情形下进行。没有所谓的无阻力冲刺。

9. 速度：所有学员都必须随时控制他们的速度和动作。如果让学员任意加速的话，就很难掌控速度了。

10. 脚踏扣/鞋：建议初学者必须随时控制自己的速度；提醒学员在双脚从鞋套中脱落出来时使用安全钮。

11. 强度：所有学员控制强度以确保适当体能进展的重要性。

（四）练习中需要注意的几点

1. 需要注意穿透气性好的运动服和运动鞋。

2. 注意运动中适量补水。

3. 注意身体出现不适或头晕的现象立刻休息，待缓解后再进行练习。

4. 对于有高血压和心脏病的练习者，需要特别注意身体反应或听医嘱。建议膝盖有损伤的人不参加此项运动，因为整个骑行过程中，膝关节的摩擦很大，再加上高强度的压力，很容易形成潜在的伤害。

五、动感单车的训练原理

按照运动强度和意志训练特性，动感单车能量区间的设计将训练时段划分为：恢复区间、耐力区间、力量区间、间歇区间和竞赛日，便于健身者在所有的能量区间进行转换训练。

1. **恢复区**：在恢复区间，没有爬坡也没有跳跃，只有很轻的阻力。只要闭上眼睛，用鼻子呼吸并且放松，感觉脚下的循环踩踏，让它变得顺畅起来，专注于躯体放松，双手轻轻地搭在车把上，将心率维持在最大心率的50%—60%，轻松完成所有动作。试试在脚踏车上练习冥想。

2. **耐力区**：在耐力区间，最大心率可维持在65%—75%之间。重点是找到令人感觉舒适的、能够保持长时间运动的心率和踩踏方式，放松肩膀、脖子、肘关节以及小腿。即使感觉到腿部有些发酸了，也要坚持住，保持呼吸，这是挑战体能和意志的时刻。

3. **力量区**：力量区间锻炼肌肉和心肺功能，它要求在强阻力下做稳定、匀速的踩踏。不要和坡度较劲儿，尽量放松，感觉踏板上的双脚，将最大心率保持在75%—85%之间。利用坡度，体会如何化逆境为转机，用意志克服障碍，集中精力应付开始让人吃力的骑程。

4. **间歇区**：间歇区间强调的是强度、节奏、时间和韵律。控制强度，将最大心率控制在65%—92%之间，掌握好节奏，坐姿和站姿之间的转换要流畅，在两个难度大的做功之间达到你的运动恢复心率（最大心率的65%），注意心率恢复的时间。心率恢复得越快，体能就越好。

如果体力十分充沛而且意志足够坚定，在经过前4个能量区间训练之后，可以来一个竞赛日训练——全力做功训练。这个训练在一个稳定的、无氧临界状态的心率下进行，无跳跃，无站姿，速度上无大幅度起落，保持心率在80%—92%之间，尽量稳定心率，理智地选择阻力，就能达到很好的练习效果。

第十节　跆拳道

一、跆拳道简介

跆拳道（TAEKWONDO），起源于韩国，是一种手脚并用的传统搏击格斗术，也是一项紧张激烈的以腿法对抗为主要形式的现代竞技运动，更是一门强健体魄、磨炼意志品质的高尚武道文化。由于跆拳道特有的自卫、竞技比赛功能和道德礼仪教育功效，受到全世界尚武青少年的推崇和喜爱。

二、跆拳道文化

（一）跆拳道定义

跆拳道这个名称来源于韩语的“跆”（指用脚踢打，为脚技，象征像台风一样猛烈的攻击），“拳”（指用拳击打，为手技），“道”（指格斗的艺术和一种原理，同时象征人生及武道的意义）。这个词顾名思义就是指：用手和腿进行格斗的艺术。从字面含义可以看出，跆拳道是种手脚并用的武术搏击，但在有些竞技比赛中，如奥运会，部分技术，特别是手技，出于保护运动选手、增强比赛观赏性等原因而被限制。

（二）跆拳道起源

跆拳道古称跆跟、花郎道，是起源于古代朝鲜的民间武艺。早在公元688年，新罗王国统一了朝鲜，经济繁荣，百业兴旺，建立了一种“花郎制度”。到真兴王时，便创立了“花郎道”。花郎道是花郎制度的组织形式，即将年轻人组织到一起进行武艺锻炼。其宗旨是“事君以忠，事亲以孝，事友以信，临阵无退，杀身有择”。以此磨炼人的意志，锻炼人的体魄，培养造就了一批又一批忠君事孝、英勇顽强、无所畏惧的战士。在一本描写新罗风俗习惯的书《帝王韵记》中，记载着跆拳道活动。

（三）跆拳道精神

跆拳道五项精神每个修炼者都要牢记在心——礼仪、廉耻、忍耐、克己、百折不屈。跆拳道精神，就是跆拳道的形体动作和技术理论中蕴藏的深刻内涵，是人们在演练跆拳道时，从片面追求动作和技术开始，不断向理性和哲学高度上升过程中体会归纳的根本宗旨。它实际上是一种人生哲理。

1. **礼义廉耻**：所谓礼义廉耻，主要指自尊心和好胜心，当然也包括待人接物的基本礼貌原则。所谓“知耻者近乎勇”，知道廉耻，就往往激发起一个人的勇气和斗志。同样，一个真正的勇士，则一定遵守礼义廉耻的基本道德规范。

2. **忍耐克己**：所谓忍耐克己，即适当地压抑控制自己的欲望，调整自我与他人的关系，达到不一味地追求个人的利益而对他人的利益造成损害。

3. **自由无我**：所谓自由无我，就是彻底消除了内心中“他人”和“自我”之间的矛盾，使感情和理性达到最高的境界，做到既不损害他人的利益，又不压抑自己的个性，这是一种出神入化的境界，是演练跆拳道的人追求的最高目标。跆拳道精神的这个方面实际上是对前两个方面的扬弃。如果说跆拳道精神是一种行动哲学的话，那就主要是针对这个方面而言的。

（四）跆拳道礼节

跆拳道的礼节又称礼仪。是跆拳道深层内涵的精神表现，学员在练习时要做到“以礼始，以礼终”，相互尊重，切磋世技艺；平时要自爱、自尊，特别是对前辈要尊重，为人谦逊，关心爱护他人。礼节在跆拳道运动中是极为重要的。

三、跆拳道组织与流派

（一）WTF——World Taekwondo Federation 世界跆拳道联盟，WTF 是以竞技为主的，也就是在奥运会上看到的，突出的是竞技，所以运动员全身戴满了护具以防受伤。在传统跆拳道的基础上，1973 年由韩国修改创立，并于 2000 年成为澳大利亚悉尼奥运会的正式比赛项目。

（二）ITF——International Taekwondo Federation 国际跆拳道联盟，是以实战为主的，突出的是实战的应用以及杀伤力。亦称传统跆拳道，由崔泓熙将军亲手创立。套路名称为特尔，一共 24 套

现在社会上跆拳道多数是竞技跆拳道（韩国跆拳道，即 WTF 跆拳道），其优点是踢得高，速度快，准确度佳，且比 ITF 更为适于健身。

四、跆拳道级别

在跆拳道色带中，黑色是高技术的象征，黑带上才会出现习练者的名字，这是一种荣誉，黄色杠代表段位，杠数越多也就相应地象征技术和品行的资历越深厚。

跆拳道分为十级九段。色带分十级，十级最低，一级最高，颜色以白为最低，逐步升高为白黄、黄、黄绿、绿、绿蓝、蓝、蓝红、红、红黑。象征从空白到大地、植物覆盖、生长向天空以及危险。黑带分九段，一段最低，九段为最高。通常六段以上只颁发给对跆拳道有特殊贡献的人。初学者系白带表示无级，而后随着技术进步，动作增多，难度增大，经过级别考核，方可换得下一级别的道带和证书，证书认定要由中国跆拳道协会认证的道馆才可颁发并且被广泛地承认。

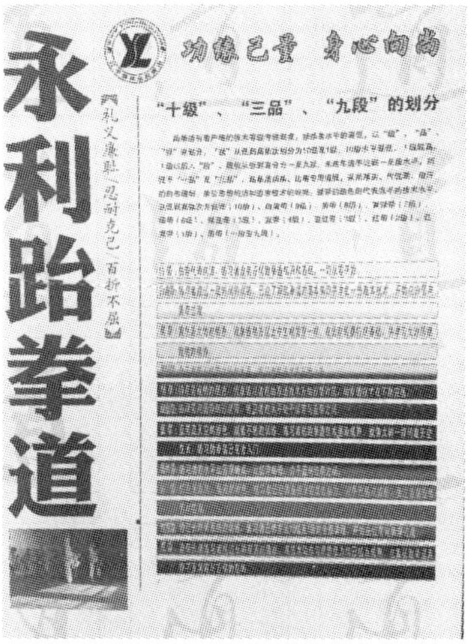

图 4—10—1 跆拳道色带示意图

（图片为辽宁永利跆拳道提供）

跆拳道不仅是腿法的习练，自身修养品行也十分重要，故此跆拳道的审核中对品式的要求也是严格的，按照级别的不同，在每个不同阶段练习品势，8—1 级分别为太极一至八章，入段后，为高丽、金刚和太白。只有通过考核，拿到正式的证书，才会被认可获得系同等级别道带的资格。

五、跆拳道特点

（一）以腿为主，以手为辅，主要关节武器化

跆拳道技术方法中占主导地位的是腿法。腿的技法有很多形式，

可直可屈、可转可旋，威力极大，是比赛时得分和实用制敌的有效方法。以腿为主，以手为辅，主要关节武器化。跆拳道持术方法中主导地位的是腿法，腿法技术在整体运用中约占3/4，仅踢击动作就有前踢，侧踢，后踢，勾踢，旋踢，推踢等。

（二）方法简捷，刚直相向

跆拳道对抗时双方都是直接接触，进攻方法十分简捷而有效，以简练的方法直接击打对方，速度快，变化多。直击直打，接触防守，躲闪技术运用得比较少。进攻都采用直线连续进攻，以连贯快速的脚法组合击打对手。防守多采用格挡技术，或采取以攻对攻，以攻代防的技术。

（三）强调呼吸，发声扬威

在跆拳道的练习当中，要求在气势上给人以威严的感觉，练习者常以洪亮并带有威慑力的声音来显示自己的威力。

图 4—10—2　跆拳道踢腿示意图

（四）内外兼修，方法独特，以功力验水平

跆拳道理论认为，经过专门训练，人的关节部位能产生不可思议的威力。长期专门练习跆拳道，可以使人达到内外合一的程度，即内功和外力达到统一的巅峰。内外兼修，攻法独特，跆拳道以赤手空拳在专心致志情况下进行训练和比赛。长期训练手快脚疾，产生常人难以达到的破坏力，这就是内功与外力综合作用的效应。功力测验是跆拳道训练水平、晋级考试、表演和比赛的一个重要内容，以此显示出跆拳道独特的功法和特点。

六、跆拳道比赛规则简介

（一）跆拳道的场地

跆拳道的比赛场地是长 12 米，宽 12 米的水平的，无障碍物的正方形场地。场地的地面应为有弹性的垫子。场地中央长 8 米，宽 8 米的区域为比赛区，其余部分为警戒区。警戒区和比赛区表面用两种不同颜色划分，同色时用 5 厘米宽的白线划分。

（二）拳道的服装

跆拳道的服装称作道服，其款式，颜色都是特定的。系扎道服用的腰带颜色各异，以其颜色可以区分运动员的段位级别。

（三）跆拳道运动员重量级别的划分

跆拳道同许多搏击型项目一样，在比赛中为保持公平性，需要划分重量级别。跆拳道重量级别划分如下：

表 4—10—1　跆拳道运动员等级划分标准

级别 性别	Fin （鳍量级）	Fly （蝇量级）	Bantam （雏量级）	Feather （羽量级）	Glight （轻量级）	Welter （次中量级）	Middle （中量级）	Heavy （重量级）
男	54 公斤以下	54 公斤—58 公斤	58 公斤—62 公斤	62 公斤—67 公斤	67 公斤—72 公斤	72 公斤—78 公斤	78 公斤—84 公斤	84 公斤以上
女	47 公斤以下	47 公斤—51 公斤	51 公斤—55 公斤	55 公斤—59 公斤	59 公斤—63 公斤	63 公斤—67 公斤	67 公斤—72 公斤	72 公斤以上

（四）跆拳道的比赛时间

跆拳道的每场比赛分为三局，每局比赛时间为三分钟，局间休息一分钟。青年锦标赛每场比赛为三局，每局比赛时间为二分钟，局间休息一分钟。

（五）跆拳道比赛中裁判员的口令

在跆拳道比赛中，裁判员所有指令均为韩语发音，这就令广大爱好者常常无法理解，但这并不是难题，只要简单地加以学习就可理解。

（六）跆拳道比赛中允许使用的技术

跆拳道比赛中使用拳的技术时必须握紧拳，用拳正面的食指或中指部分击打；使用脚的技术时，必须用踝关节以下的脚的前部击打。这里需要注意，指、掌、肘、膝等技术只适合于平时练习或品势表演中使用，在比赛中禁止使用；抓、搂、抱、推等动作在比赛中也是禁止使用的，如出现，将被判罚警告一次，警告两次将被扣一分。

（七）跆拳道规则简介

跆拳道比赛中允许攻击的部位包括髋骨以上至锁骨以下以及两肋部，但背部没有护具保护的部位禁止攻击。头部两耳向前头颈的前部只允许用脚的技术攻击。

（八）跆拳道比赛中如何得分

使用允许的技术，准确有力的击中有效得分部位，即为得分一次，得分一次累加一分。

有效得分部位包括腹部和两肋部以及面部允许被攻击的部位。如使用允许的技术击中被护具保护的非有效得分部位，击倒对方时按得分计。

（九）跆拳道比赛的获胜方式

1. 击倒胜（K. O 胜）
2. 主裁判终止比赛胜（RSC 胜）
3. 比分或优势胜（判定胜）
4. 对方弃权胜（弃权胜）
5. 对方失去资格胜（失格胜）
6. 主裁判判罚犯规胜（犯规胜）

七、跆拳道健身功能

（一）改善和增强体质，提高防身和自卫的能力

跆拳道的技术动作要求全身协调配合，能很好地促进人体的力量、速度、灵敏、耐力、协调等全面身体素质的发展，具有强身健体的作用。对抗性强，可提高踝关节的灵活性及肌肉的伸展性和收缩能力，提高人的速度、反应、灵敏、力量和耐力素质，增强人体的击打和抗击打能力。练习跆拳道之后，感觉身体的灵活能力和反应能力得到提高，柔韧性得到很大的提高，体能耐力也感觉比以前明显好了，身体的抵抗能力在增强，很少生病。不仅是身体方面，在每次练习后感觉压力得到释放，精神状态很好，心情舒畅。

（二）磨炼意志，培养高品格的修养

跆拳道推崇“礼始礼终”的尚武精神，尤其讲究“未曾学艺先学礼，未曾习武先习德”。其精神宗旨是“礼义廉耻，忍耐克己，百折不屈”。在跆拳道的训练中，要克服很多心理上和身体上的困难，对自己

的极限挑战，并且想要不断进步，就一定要谦虚认真地学习，跆拳道重视礼仪，无论是求教还是相互切磋都应礼仪为先。

八、跆拳道在我国的发展

1986年6月，跆拳道创始人崔泓熙将军随国际跆拳道代表团访问中国。国际跆拳道联盟总裁，跆拳道创始人崔泓熙将军认为在中国普及跆拳道意义重大，他很早就非常重视在中国普及跆拳道的事业。1992年10月7日，中国跆拳道协会筹备小组成立，这标志着我国跆拳道运动的正式开始。1994年5月，在河北正定举行了首届全国跆拳道教练员和裁判员学习班。1994年9月，在云南昆明举行了第一届全国跆拳道比赛，当时有15个单位，150多名练习者参加了比赛。1995年5月，共有22个单位250名练习者参加了在北京体育大学举行的第一届全国跆拳道锦标赛，从此跆拳道在中国迅速发展起来。1995年8月，正式成立了中国跆拳道协会，魏纪中当选为第一任协会主席。1995年11月，在菲律宾举行的第12届男子、第5届女子世界跆拳道锦标赛上，我国派出16人参加了比赛，获参与奖。1995年11月，中国跆拳道协会被世界跆拳道联盟接纳为正式会员。1996年3月，我国跆拳道队一行12人参加了香港第二届城市金杯国际跆拳道邀请赛，中国队获6金、2银、3铜，女子获团体总分第一。1998年5月17日，在越南举办的第13届亚洲跆拳道锦标赛上，我国北京体育大学97级学生贺璐敏为中国赢得了第一枚亚洲比赛金牌，实现了我国在正式国际比赛中金牌零的突破。1999年6月7日，在加拿大埃特蒙多举行的世界跆拳道锦标赛上，我国女选手王朔战胜多名世界跆拳道高手，获得女子55公斤级冠军，这是我国跆拳道运动员获得的第一个世界冠军。2000年9月30日，在悉尼奥运会女子跆拳道67公斤以上级比赛中中国女选手陈中力克群雄选手获得冠军。这是我国获得的第一块奥运会跆拳道金牌。如今运动健身已渐成时尚，跆拳道、柔道、合气道、剑道等一时间各式各样的“道”开始大行其道。而跆拳道作为一项既可强健身体又锻炼意志的体育项目，成为时尚的主流，被越来越多的青年人所喜爱。

第十一节 健美操

一、健美操的起源与发展

（一）国际健美操的起源与发展

健美操起源于1968年，最早是美国太空总署医生库伯尔（Cooper）博士为太空人设计的体能训练阿洛别克（Aerobic）项目，1969年杰姬·索伦森综合了体操和现代舞创编了健美操，这种操带有娱乐性，简单易学，深受人们的欢迎。健美操作为一项独立的体育运动始于20世纪70年代末，其标志是“简·方达健美操”的出现，她是现代健美操运动发起人之一，也是杰出的代表。她以健美操为训练内容使自己更加年轻健康，苗条健美，作为成功的现身说法在美国迅速兴起，掀起健美操热潮。1981年她编写的《简·方达健美操》并配有录像带在美国出版后，一直畅销不衰，并被译成20多种语言在30多个国家销售。其后她还创编出踏板健美操，使得健美操更具有吸引力。

健美操运动自20世纪70年代、80年代兴起以来，以其自身的魅力迅速在全世界发展起来，在发达国家还是发展中国家都得到不同程度的发展。随着健美操在世界范围内广泛开展，在健身俱乐部，健身中心，健身培训以及广场舞，学校体育教学中都可以看到不同形式的健美操内容，人们已经认识到健美操是一项简单易学，健身效果明显的运动。一些热爱健美操运动的人士分别组织成立民间协会并开展比赛，从而促使健美操成为一项有组织的体育运动。

首届国际健美操比赛是由国际健美操联合会于1983年在日本举办的。1985年，美国首次举行阿洛别克（Aerobic）健美操比赛。来自全美各地、身材优美的男女健美操运动员，以极大的热情和充沛的体力，在5平方米的场地上，用一分半到两分钟的时间表演造型美观、力度明显、变化多样、流畅舒展的男女单人、混合双人、女子三人的成套健美操受到参观者的热烈欢迎。1994 年 5 月国际体操联合会正式接受健美操进入国际体操体联，建立了 FIG 健美操组织委员会，实现了国际一体化的领导，使健美操运动得到了进一步的推广与发展。FIG 每年举办一次世界健美操锦标赛，每届都有 40 多个国家、百名以上的运动员参加。现在每年在国际上举办的活动有：健美操世界锦标赛、世界杯赛、世界冠军赛、世界巡回赛等，除此以外，各个健美操国际组织还单独或合作举办各种世界健美操巡回赛和大奖赛，以扩大健美操运动在世界范围的影响。

现代健美操虽然其发展历史只有短短的几十年时间，但是它却以自身的魅力及项目的特点风靡全球，赢得了世界人民的喜爱。为了使竞技健美操早日进入奥运会，曾获第六届世界竞技健美操比赛冠军的俄罗斯的混双冠军和巴西的三人冠军在 2000 年悉尼奥运会上进行了表演，他们获得了成功并得到了国际奥委会的认可。

（二）我国健美操运动的起源与发展

健美操运动 20 世纪 80 年代传入我国，当时人们对它的认识还停留在“体操 + 舞”的层面，没有认识到它的独特魅力和它的健身、娱乐、商业价值。1981 年 1 月 4 日在《中国青年报》（星期刊）上发表了作者陆保钟、牛乾元的特约稿“人体美的追求”，1982 年 2 月中国青年出版社出版了《美 · 怎样才算》一书，选登了陈德星编制的“女青年健美操”和牛乾元编制的“男青年哑铃操”。1983 年人民体育出版社《健与美》创刊；中央电视台播放了《减肥体操》，并在北京体育学院传授，此后“健美操”一词迅速被广大体育工作者采用。通过新闻媒体的大力宣传、各级各类健身协会的竭力推广以及各类学校的广泛开展，从此健美操运动在我国拉开了序幕。1984 年北京体育学院成立健美操教研组。1985 年北京体育学院创编并推广“青年韵律操”等六套健美操，1986 年编写了《健美操》（使用教材）出版，并在本科生中开设了健美操选修课。此后很多院校把健美操列入教学大纲，使健美操在学校体育中得到广泛发展。1987 年，我国第一家健美操健身中心成立。健美操以其新颖的健身方式，良好的健身效果逐渐被大众接受和喜欢，吸引了更多的健身爱好者。随后，在上海、广州等各大城市都成立了健美操健身俱乐部。中央电视台推出了“健美5分钟”栏目，使得健美操在群众中得到迅速广泛的普及。1987年由国家体委主办，北京体育、中央电视台等单位组织承办了全国首届“长城杯、健美、健美操邀请赛”，共有30多个代表队、200多名运动员参加。1988年，国家体委群众体育司和国家教委体卫司联合委托中国儿童活动中心举办了“少年儿童韵律操邀请赛”，有22个城市参加。同年由中华全国体育总会群体部，中国老年人体育协会，中国体育报社等单位联合举办了“全国中老年迪斯科健身操电视大奖赛”。1991年在北京举办了全国首届“大学生健美操、艺术体操大奖赛”，将健美操的发展推向另一个高峰。1992年民政部注册“中国健美操协会”，组织竞赛和其他活动。协会自1992年以来每年举办一届“全国健美操锦标赛”，并制定了规则。1997年健美操项目归属国家体操运动管理中心，1998年推出《健美操指导员专业技术等级培训》，自1998年我国每年都参加“世界健美操锦标赛”，2000年推出《中国健美操协会会员管理办法》，2001年8月，颁发了《社会指导员国家职业标准》，使得健身健美操指导成为合法职业。自2003年起，每年中国健美操协会都会在夏季举办一次中国国际健身大会，2004年我国首次突破奖牌零——获得在保加利亚举办的第8届世界竞技健美操锦标赛六人组第三名。2005年获得第七届世界运动会中国六人操项目冠军，2006年第9届世界健美操锦标赛在我国江苏省南京举行，我国获得男子单人第一名，女子单人第二名，三人操第二名，团体第二名的好成绩，此后在各项世界大赛中中国队都取得了骄人的成绩。2012年，在保加利亚举行的第12届世界健美操锦标赛，中国队获得四金，这也是六人操获得6次世界冠军，有氧舞蹈、有氧踏板被列入世锦赛正式比赛项目。这些举措和骄人的成绩都推动了我国健美操向正规化、国际化发展。

二、健美操分类

健美操起源于大众健身、娱乐，逐渐发展为表演与竞赛。根据当前世界和我国健美操运动的发展现状和未来发展趋势，按照不同目的和任务，健美操可以分为健身健美操、竞技健美操和表演健美操三大类。

（一）健身健美操

健身健美操又称为大众健美操，以有氧运动为基础，其练习目的主要是以锻炼身体，保持健康、健美、娱乐和预防疾病为主的群众性、普及性的健身运动。适合大众健身，例如健身房、广场舞、学校体育普修课程等。健身健美操动作简单、实用性强，音乐和运动强度可以根据不同对象改变，是健美操运动发展的群众性基础。

根据练习形式，健身健美操可分为徒手健身健美操、器械健身健美操和特殊场地健身性健美操。随着社会的发展，健身健美操将会产生更多的分支和形式。

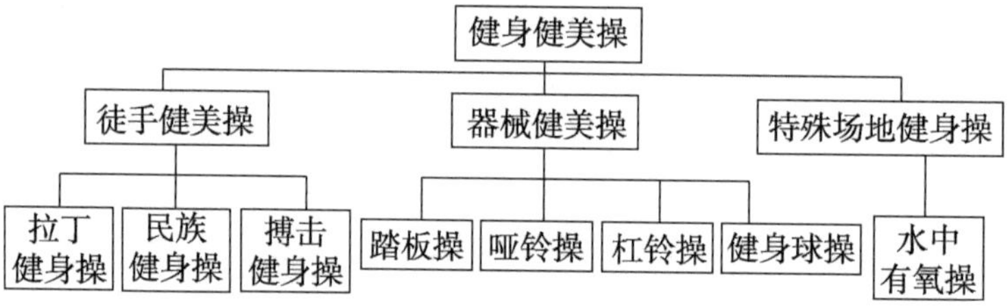

图 4—11—1　健身健美操分类示意图

为了进一步普及和推广有氧健身操，国家体育总局根据练习对象和运动强度，推出大众健美操规定套路，1—6 级，（《全国大众锻炼标准》）分为少儿和成人两个版本，此外还有每年一度中国国际健身大会，对于提高和推动健身健美操发展有着重要意义。

（二）竞技健美操

竞技健美操是在音乐的伴奏下进行表演复杂高难动作，音乐与运动员的表现力以最佳形式结合起来的运动项目，它是融体操、舞蹈、音乐为一体的带有表演艺术的现代体育项目，韵律性、力度（指快速完成动作，特别是大幅度动作后的急速制动动作）是其本质特征。竞技健美操项目由俯卧撑类、转体操、平衡类、柔韧类、滚翻类等动作组成，它要求运动员有高度的协调性、良好的柔韧性、较强的力量性及快速工作的能力，并要有一定节奏感和较好的艺术表现力。

图 4—11—2 竞技健美操

竞技健美操根据比赛规模、竞赛项目和参赛年龄划分为不同种类。

1. **按照比赛规模划分**：主要有三个，分别是健美操世界锦标赛（由国际体操联合会 FIG 组织）、国际健美操冠军赛（国际健美操冠军联合会 ANAC 组织）、健美操世界杯赛（由国际健美操联合会 IAF 组织）。

2. **按照竞赛项目划分**：共有五个项目，分别是男子单人、女子单人、混合双人、三人（男女不限）、五人操。

3. **按照参赛年龄划分**：分别是少年组和成人组两个级别。运动员满 18 岁可以参加成人赛；少年组分为：少年甲组（15—17 岁）、少年乙组（12—14 岁）、少年丙组（9—11 岁），各组别成套难度选择上有所不同。

（三）表演健美操

表演健美操是根据所参加的表演的目的预先设计、创编和排练好的成套健美操，人数和时间不限。表演健美操对音乐效果、动作设计、队形变化、表现力和舞台效果要求较高。

按照表演的风格可以分为：爵士舞健美操、拉丁健美操、民族健身操、啦啦操，等等。

三、健美操的特点

（一）健身性健美操特点

1. 安全科学性

健身健美操的目的是提高身体抵抗能力，增加有氧代谢能力，增强体质，减少多余脂肪，改善不良体态，最终使练习者健康，健美。所以在动作设计和运动强度上一定要根据具体训练对象的不同情况，进行合理科学编排动作，选择适宜音乐节奏的伴奏，其次还需要注意锻炼的对称性，全面性，最好是在指导员的正确指导和监控下进行，要做到科学合理的练习。

2. 有氧健身性

健身健美操要求人体直接参与运动，在愉悦身心的运动中承受一定的生理负荷，并在人的体力和人的体内运动能量物质的消耗、恢复、超量恢复的不断循环中，促进体能发展和体质增强。成套健身健美操的强度设计，都是以保证健身者在运动过程中能够最大限度地摄取氧气并充分燃烧脂肪为前提，提高身体代谢能力。每次健身健美操动作练习持续时间应该在25分钟以上，动作强度控制在最大强度的60%左右为好，这样更能有效提高身体心肺功能。

3. 广泛性、普及性

健身健美操不受年龄、场地和时间限制，动作多为基础性动作，简单易学，好掌握。不同年龄、不同性别、不同身体状况、不同时间、不同场地、在学校、在花园、在广场、在家中、在办公室都可以进行练习，只要愿意练习在任何时间和地点都可以。健身健美操是健美操发展的基础和前提。普及性是指健身健美操动作设计和动作强度以及推广的效果都具有很好的群众基础，易于学习，易于掌握，动作风格多样，动作形式多变，它是一项富有趣味性的运动，能给人们带来热情奔放的情感体验，符合现代人追求健美、自娱自乐的需要，因此深受广大群众的喜爱。

（二）竞技健美操特点

1. 难度高、强度大

竞技健美操是在音乐的伴奏下进行表演复杂高难动作，音乐与运动员的表现力以最佳形式结合起来的运动项目，要求运动员快速完成动作，特别是大幅度动作后的急速制动动作是其本质特征。竞技健美操项目由俯卧撑类、转体操、平衡类、柔韧类、滚翻类等动作组成，它要求运动员有高度的协调性、良好的柔韧性，较强的力量性及快速工作的能力，因此具有难度高、强度大的特点。

2. 创新性

竞技健美操成套动作的设计必须独特，适合音乐的风格，并且通过运动员的动作及增加小的细节，给人一种特别的感觉。运动员的成套动作设计、音乐、表现都与所选音乐或主题紧密相连，各因素相互结合给人留下独一无二的印象。运动员成套动作无论是否选择主题思想都是必须以独特的表演风格将个性化音乐、难度动作、健美操动作组合、健美操风格、过度动作和托举动作统一为一体。一套动作的开始是指从第一个姿态到第一个 8 拍动作，它应该像一幕戏剧或一本书一样预示着后面将发生什么，应和下面的动作很好的融合。“很好的融合”是指自然的流动并和整套动作、音乐风格、动作类型等相互联系。如运动员整套动作完成过程中的动作、音乐、表演能够紧密地围绕一个主题或风格，展示为许多不同的姿势、托举、队形、过渡与连接、强度和组合。给人留下独一无二的印象和创造性的表现。

3. 艺术性

竞技健美操的艺术性，主要表现在动作编排具有艺术审美力，动作完成具有表现力，集中体现健美操的“力度、健美”，这无疑要求运动员必须具备高质量、优美的、自信的并充满活力的完成动作的能力，具有体能和艺术表现、艺术感受能力。而对创编者则要求对音乐理解和选择及制作上具有主题艺术性和较高审美能力。

（四）表演性健美操

1. 娱乐性

表演性健美操多数以舞蹈动作为基础，动作优美，音乐具有感染力。是具有热情、喜庆、积极、风趣、多种元素艺术性并展现了表演者极富文化韵味的舞蹈形式之一。这种形式的健身操是练习者生活中喜闻乐见的自娱舞蹈，不但愉悦了身心，而且还体现出被艺术升华后的情感体验，使表演者在舞蹈进行中得到自娱自乐和自我满足感，从而有利于表演者和观众之间进行情感交流。

2. 观赏性

表演性健身操的目的就是观赏价值，体现健身操的健、力、美。它的内容具有丰富的舞蹈动作，伴有多元化的音乐节奏，加上漂亮的服饰，舞台灯光，表演者的生动表现可以让观众耳目一新，赏心悦目。

四、健美操的功能

1. 丰富体育文化和全民健身活动

自全民健身计划颁布实施以来，无论是学校体育课堂还是街头巷尾自行锻炼活动中，到处都能看到健美操项目。健美操凭借其群众基础深厚，灵活趣味性强，健身内容丰富多样等特点，已逐渐深入到民众日常生活之中，为全民健身活动的开展注入了活力。

健身操是在体操的基础上加以创新，将舞蹈基本动作融为一体，并配合音乐进行练习和表演，体现艺术与体育的完美结合，是体育活动的继承和再发展。其特点在于积极向上，动作变化多，节奏感强，热情动感，充满活力，协调有力，跳动的过程中利于展现练习者的精神面貌。其动作套路丰富多样，简单易学，可以全面提高身体素质，发展身体协调性和柔韧性。由于音乐节奏感强，有助于培养顽强、勇敢、坚毅的团队精神，因此受到越来越多的人的喜爱和欢迎。

2. 增进健康和塑造形体

健美操运动可以很好地提高身体素质，增加身体抵抗力，延缓衰老，提高心肺耐力，增加肌肉耐受力，提高肌肉力量身体平衡性，以及减少多余脂肪，提高身体协调性、灵活性、节奏感、柔韧性，等等。是一项非常有益于身心健康的项目，因此长期坚持练习对于身心健康都有好的帮助。

形体分为姿态和体形。姿态是我们平时一举一动表现出来的行为举止，受后天因素影响较大，而体形则受先天遗传影响较多。良好的身体姿态是体现一个人气质风度和自信的表现，长时间进行规范的健美操练习，对于肌肉力量平衡发展，肌肉线条形成都有很好的作用，有利于矫正不良姿态，给人一种自信及朝气蓬勃的感觉。此外以有氧练习为基础的健身健美操可以有效减掉多余脂肪，使得身体强健有力，从而塑造出健美体形。

3. 缓解压力，娱乐身心

随着社会的发展，人们在享受科学技术进步的快捷和舒适之外，同时增加了工作和生活的压力，长期在压力下，人们多会形成情绪化、不愿交流、害怕交际、失眠等抑郁症、自闭症等精神和心理疾病。这就需要我们及时缓解压力，释放自己。实验证明，健身是舒缓压力的有效途径之一，而健身操则是其中备受大家喜欢的健身项目之一。

五、健美操基本技术

健美操基本技术是指在音乐的伴奏下运动员借助外力，借助地板的作用力，同时利用身体的内在力量改变身体各部位的相对位置，保证身体重心沿着一定的轨迹运动，完成比较复杂的难度较大的动作，以符合动作本身要求的方法。健身操基本技术主要指身体弹动（BOUNDS）技术、身体姿态控制（ALIGNMENT）技术。正确地掌握基本动作和基本动作技术，是健身操教学的重要内容，对学习和创编健身操动作起到正确引导的作用，同时可以缩短掌握同类动作的实践和提高所学动作的质量，为掌握更复杂的组合动作打下良好的基础。因此，在健美操学练中，必须重视和加强基本动作训练和基本动作技术的掌握。

（一）身体弹动（BOUNDS）技术

身体弹动（BOUNDS）技术是指整套健美操过程中始终保持明确的节奏感，这种节奏感主要体现在动作过程中身体重心上下有节律的起伏上。这种弹动应该与动作节奏和音乐节奏相吻合。通过髋、膝、踝的弹动达到运动全身的目的，这是健身操风格的基础。成套动作过程中，重心的上下节奏、起伏是连续流畅完成成套健身操动作的基础和前提。基本技术越高，体现出弹动的技术越扎实。运动员的音乐节奏感与动作的节律协调一致，才能够体现健美操的风格。它是竞技健身操的原点也是终点，因为竞技健身操源于传统的有氧健身操，弹动是有氧健身操的基本技术特征。练习身体弹动技术应该注意：

1. 身体弹动的节律与音乐的节奏相吻合才能准确地体现竞技健美操风格。

2. 弹动时要保持标准的身体姿态。

3. 弹动是通过身体克服重力并通过传递于地面的反作用力引起的中心节律性的起伏。

（二）身体姿态控制（ALIGNMENT）技术

身体姿态控制技术是指在成套动作中，无论动作如何复杂多变，难度要求多大，身体姿态要求始终控制在良好的姿态位置，始终保持躯干、腰、髋的自然位置和稳固性；始终保持腹肌的收缩和背部的平直姿态，脊柱要始终保持正位。即使在长时间复杂多样的难度动作与步伐动作组合完成过程中，整个身体良好的姿态不被破坏。规则要求：“在完成难度动作、复杂的健美操步伐、动作组合及过渡时，要展示保持正确的身体姿态的能力。”保持正确的身体姿态控制是规则中完成情况评价的重要依据。运动员要做到具有很强的保持身体姿态控制技术的能力，主要体现在以下三点：

1. **身体姿态位置要标准**。良好的姿态应保持头部正直，向上顶头、背平、收腹、夹臀、肩部放松，脚、膝自然站位，不要刻意折叠大小腿，腿部屈膝动作其角度应保持直角，脊柱始终呈正立位，从姿态美的角度来要求，脚只要离地就必须绷脚尖。主要强调了在完成动作的过程中应该注意哪些关节屈伸和关节间的相对位置以及肌肉的工作状态。在单个动作的描述上则提出了更具体的要求和注意事项。因此，运动员要明确难度动作的要求，不断在理论指导实践过程中，提高身体素质，掌握不同难度动作身体姿态的控制技术，从而做到完美完成难度动作，体现健美操运动的魅力所在。

2. **身体重心要始终处于正确的位置**。运动中人体重心不可能永远保持一个位置，而是随运动的方向变化而变化，由于重力作用与运动所产生的力的作用就会使人体重心位置产生变化。从难度动作的开始到结束过程中，由于运动方向和运动幅度的改变，身体的重心也在不断地变化着。运动员只有掌握了在不断变化的环境中（包括空中、地面、空地转换）控制重心的能力，才有可能将注意力转移到身体姿势的控制上，从而提高动作的质量，完美完成难度动作。因此，在完成动作时，要根据不同动作的具体要求，在控制身体重心的基础上达到对身体姿态的控制，保持重心上提，即使是身体向下运动时，也要保持身体向上挺拔的姿势。

3. **身体重心要保持平稳**。人体运动时，持续保持身体重心平衡和稳定是至关重要的，尤其是在做难度动作时，身体的重心更不容易控制。在完成健美操动作的过程中，人体的平衡是保证运动安全与平稳和流畅的重要因素，也是体现健美操运动技术特征的前提。在健美操运动中，人体重心容易出现偏斜。因此，要靠维持原有的平衡与克服运动所产生的倾倒来保持动作的稳定性，尤其是在动作移位和三维空间转换时，保持良好的身体重心平稳是非常重要的。

六、健美操的基本步伐

（一）健身健美操基本步伐

健身健美操步伐按照其冲击力的大小可分为低冲力动作（低冲击动作是指始终有一只脚或两只脚同时着地动作）、高冲击力动作（高冲击动作是指瞬间两只脚同时腾空的动作）、无冲击力动作（两只脚免得动作或布置成体重的动作）。按照动作完成形式的不同可分为踏步类、迈步类、点地类、抬起类和双腿类动作。

表 4—11—1　健身健美操基本步伐强度分类表

分类	低冲击动作	高冲击动作	无冲击动作
踏步类	踏步：march 走步：walk 一字步：easy walk V 字步：V－step A 字步：A－step 十字步：cross step 曼波步：mambo 桑巴步：samba 恰恰步：cha cha	跑步：Jog 小马跳：pony	
迈步类	并步：step touch 交叉步：grapevine 迈步点地：step tap 迈步吸腿：step knee 迈步踢腿：step kick 滑步：slide	迈步吸腿步：step knee 踏步跳：leap	
点地类	脚尖点地：touch tap 脚跟点地：heel		
抬起类	踢腿：kick 摆腿：leg lift 吸腿：knee up 侧踢：side kick	摆腿跳：leg lift 钟摆跳：swing	
		并腿跳：jump 开合跳：jumping jack 弓步跳：lunge jump	弹动：spring 提踵：Calf raise 半蹲：squat 侧弓步：lunge side 箭步蹲：lunge

（二）竞技健美操基本步伐

在健身操中我们可以将基本动作理解为操化动作，是以七种基本步法及其变化，配合手臂动作组成。基本动作是各种组合或复杂动作的基础和元素。基本动作技术是指完成各种不同结构类型动作的方法和原理，是完成各种动作最基本和关键的技术环节。七种基本步法及其变化动作是健身操主要动作内容，它们的好与坏，直接影响着成套动作质量和健身操风格与特点的体现。七种基本步法有高低冲击的强度变化，高冲击动作是指瞬间两只脚同时腾空的动作，低冲击动作是指始终有一只脚或两只脚同时着地动作。

①踏步：以柔软的脚尖到脚后跟依次落地的传统踏步作为低冲击动作。要求以脚尖—脚后跟落地圆滑。踏步是竞技健身操中最基本的步法，左右脚交替进行，可原地做，也可以向各个方向行进间做，交叉步和发生变化的并不都成为踏步。

②后踢腿：相对于踏步是高强度动作。要求髋和膝在一条直线上，脚在后。

③弹踢腿：要求做弹踢腿时，膝关节伸展要有控制（不生硬），属于高冲击动作。可两腿交替做也可以一条腿跳两次再换腿做，可有方向上的变化：前、侧、后三个方向做。

④吸腿跳：支撑腿伸直，另一条腿的膝关节可用不同角度向前、向侧吸起，再回到两脚并拢的位置，正确的落地技术是从前脚掌过渡到全掌。可以做成高低两个冲击动作。

⑤开合跳：两腿同时分开，同时并拢，是同时间的对称性动作。分腿时，髋外开，膝关节的方向应与脚尖的方向一致。并腿时，脚可平行或外开落地。并腿的动作不可突然，要有控制和缓冲，属于高冲击动作，有时也可以做成超低强度的蹲地动作。

⑥弓步跳：身体的重心必须在两腿之间，两腿部外翻。必须有一只脚固定为轴，膝关节在辅助腿的脚上面，幅度可变化，可向各个方向做，可做成高冲击动作。

⑦踢腿跳：踢起时腿只在髋关节前或侧运动，腿必须伸直，脚面

也要绷直，支撑腿可以轻微弯曲。动作可以做成高、低或超低强度。

对七种基本步法及其变形动作的共同要求是：柔软地使用髋、膝、踝关节，使演练者能够有弹动性的运动。落地时由前脚掌过渡到全脚掌，通过全身的运动感受其节奏性。演练者必须清晰、明快地表现动作，同时也须保持正确的身体姿态以及身体纵轴不发生变化。手臂动作是各种动作的充分体现，相同的步法配合不同手臂就组成不同的动作组合。竞技健身操虽没有特定的手臂动作，但同样要求运动员对基本的手臂动作的发力顺序、动作速度、动作幅度以及动作表现有较高的技术要求。基本手臂动作以及其动作的变化，是构成成套动作中复杂的操化组合必不可少的一个因素，也是体现竞技健身操复杂性和多样性的前提要求和演练者协调性的一个重要方面。基本手臂动作主要包括：举、绕环、旋臂、屈、伸，其变化的方法与步法相同，有方向、动作路线、动作幅度、动作速度、动作强度变化，等等。

七、基本动作训练

（一）动作的力度训练

动作力度是指运动员完成动作的过程中按照动作的要求用力的紧张程度，指肌肉收缩与放松相交替的节奏在技术上表现为动作的加速与制动。一般而言，由于运动员形态特征、身体素质、技术水平、个性特征的差异，动作力度在个人的体现是不统一的，它没有一个固定的衡量标准。如果运动员力度不够，成套动作就会显得软弱无力，也就失去了健美操的活力与生机。在成套动作中强劲的音乐节奏配合充满力度与感染力的动作，才能体现朝气蓬勃、激情四射的健美操特色。可见动作力度赋予健美操生机与活力，是衡量竞技健美操项目特征的标准之一，也是体现健美操风格与特色的重要标志。

感受性就是感觉的能力，也就是感觉的敏锐程度。运动员对动作感觉的敏锐程度直接影响了动作的力度。因此提高运动员精细的动作感受能力，是更好感知动作性质和表现动作力度的基础。对于初级运动员，大多数动作力度感是远远低于感觉器官所提供信息的准确性的，因此应该借助视觉、听觉等纠正力度偏差。为了使运动员快速有力摆至标准位置制动，教练员可用双手握住运动员的手腕带动其摆动，并让运动员体会到位后制动的肌肉用力的感觉，也可以借助哑铃来练习，根据运动员的体重举配与体重适宜重量的哑铃，以提高肌肉的感受力。同时也可以采用标准位置的限定训练，教练员可也用双手放在前举位置和上举位置或用线绳等其他物品来代替，让运动员双臂摆动到该位置快速制动。反复练习可以提高运动员对动作的感受能力。

（二）动作幅度训练

动作的幅度是指动作构成的空间位置。动作幅度可以体现在动作的开始和结束之间的动作路线的长短，动作路线长，动作幅度相应就大；动作路线短，动作幅度相应减小。动作幅度的大小取决于关节、韧带和肌肉的灵活性与弹性，其次与动作路线选择和运动员个体的表现力也有直接的关系。健美操属于技能主导类表现难美类项目，因此对动作的规范性和艺术性要求很高，而动作幅度是体现艺术性的一个重要组成部分，在竞技健美操竞赛规则中明确指出，竞技健美操的动作完成质量取决于心血管系统耐力和肌肉耐力，成套动作的完成取决于运动强度。而强度又取决于动作幅度、动作速度等各种因素。在比赛中出现动作幅度减小或低于动作强度时是要扣分的。因此提高动作幅度是表现竞技健美操项目特征的重要因素。

提高运动幅度的训练首先应该让运动员明确动作幅度大与动作幅度小的区别。体会和理解这种区别是提高运动幅度的关键。在具体的操作过程中，一般选择不同运动幅度的操化动作进行反复多次的重复性练习，以提高运动员的运动幅度。同时应该注意的是在训练过程中教练员应该强调，让运动员尽量体会大幅度运动的动作知觉，体会完成大幅度动作的过程，准确的动作路线，从而提高运动幅度。其次运动幅度与各关节的柔韧性有着密切的关系，提高运动幅度的有效方法之一是加强柔韧性训练。柔韧性好，关节活动范围增大，肌肉的收缩幅度大，运动员的身体动作才能得到充分的伸展。提高运动幅度的训练中主要以发展肩关节、髋关节的柔韧性为主。通常采用的训练方法有：正对把杆前压肩、正对把杆侧压肩、背向把杆后压肩、向前探肩，也可以采用垫上压肩练习。发展髋关节的柔韧性训练，主要是体后屈，也可以借助较短的橡皮筋的向心力进行体后屈的练习，仰卧垫上做挺髋练习也有助于有效发展髋关节的柔韧性，训练中可采用被动撑拉进行练习。

（三）动作速度的训练

动作速度属于速度素质的一种。是指人体或人体的某一部分快速完成某一个动作的能力。动作速度是技术动作不可缺少的要素，表现为人体完成某一技术动作时的摆动速度、击打速度、踢腿速度和蹬身速度等，也包括连续完成单个动作是在单位时间里的位移或重复次数的多少。在健美操中强调动作速度训练主要是提高运动员快速发力的动作感觉，同时我们强调动作速度的训练，是因为提高动作速度是提高成套动作运动强度的主要环节。在健美操中，动作速度主要表现在动作完成的快慢和动作发力的快慢。动作速度是在完成动作的过程中得以体现的，而动作力度不仅体现在过程中也体现在完成动作的瞬间制动上。

在进行基本动作的训练过程中，可以用助力提高运动员完成某一动作的速度，然后让运动员体会快速运动的动作感觉。在使用助力训练时应该掌握好提供助力的时机以及用力的大小，同时应该让运动员体会在助力作用下动作完成的时间和用力的大小，以便很好地帮助他们独立和尽早达到动作速度的要求。变奏训练是指通过改变音乐节奏，让运动员同步进行动作练习，体会快节奏完成动作与慢节奏完成动作的训练方法。训练中应该注意的是运动员在较快节奏下动作容易变形，或动作表现力降低，因此教练员应该在训练中注意及时提醒运动员完成动作的质量。变奏训练的另一层意思是音乐速度没有变化，改变动作的练习速度，或将高速度动作练习与变换速度练习的动作结合起来，这种训练就是力争避免动作停留在同一稳定的速度水平上。

（四）动作准确性训练

动作方位是指动作在完成过程中相对空间和身体部位的方向和位置。提高运动员的动作方位也就是要提高运动员空间感的准确性。竞技健美操作为体操大学科的一种，可以沿用体操中动作坐标系来判断动作方位，帮助运动员分析动作完成的角度和方向的准确性。训练中最常用的判定方法是解剖中的人体运动平面，即失状面——将人体划分为左右两部分的平面。冠状面——将人体划分成为前后两个部分。水平面——将人体分为上下两个部分的平面。三个平面构成 20 个面体，在训练中应该明确这些基本方位的范围，每个动作在完成过程中，手臂所走的平面、角度和高度，下肢的站位和空间位移的角度、弧度、高度都应该明确，才能准确完成每一个动作，使动作标准规范。

动作方位对于完成成套动作中的每一个动作都是十分重要的，竞技健美操中强调动作“准确到位”，就是指动作方位的准确性。动作方位不准确不仅动作容易“走形”，影响该动作的完成质量，而且会破坏和下一个动作连接的流畅性。动作方位训练属于动作基本功练习，教练员和运动员都应该认真打好这个基础。

镜面练习不仅是指运动员面对镜子练习动作的准确性，也指运动员相互或面对教练员完成操化动作的训练。镜面方位校对训练可以清楚准确地帮助运动员建立正确的动作方位感，让运动员对自己容易犯错的动作角度、高度、弧度和动作方位有清晰的认知，这样可以及时纠正和调节运动员的方位错觉，使运动员在较短的时间内提高动作准确性，建立标准的方位感。

定位练习是指运动员在训练操化动作的过程中，对每一拍上肢动作和下肢动作都要求达到规定位置的训练。开始训练时，可以放慢动作节奏让运动员充分感觉动作在规定位置的感觉，等运动员已经可以习惯性地达到定位点，再加快动作节奏直至比赛要求的速度。除此之外，教练可以在定位点设置障碍物，帮助运动员建立方位感。定位练习容易出现僵硬的动作和机器式的动作感觉，因此定位练习应该注意调动运动员的动作表现力，在定位中强调动作发力和制动的感觉。

八、时尚健身操课程

（一）搏击操

1. 定　义

搏击操，英文名为 kickboxing，是将拳击、空手道、跆拳道、武术、散手、太极拳的基本动作结合健美操基本步伐，遵循健美操科学编排方法和运动规律，在强劲有力的音乐伴奏下，形成的一类风格独特的有氧健身操。

图 4—11—3　搏击操图

2. 起　源

搏击操最早由一名黑人搏击世界冠军所创立。起初是专业拳击运动员在练动作时播放音乐，以缓解枯燥的训练，后来这种锻炼形式被引进健身房，搏击操就此发展起来。近几年在国内发展迅速。在出拳、踢腿的过程中，随着强劲有力的音乐挥动双拳，动作刚劲有力，所有因工作而起的郁闷与不快，都会在踢腿挥拳中烟消云散，那些懒散、低落的负面情绪，也随着汗水而蒸发掉了。通过搏击操运动，可以尽情地发泄，流汗，缓解压力，让身体和心理获得正能量！

3. 健身功能

(1) **消耗热量多，具有瘦身功能**

一节有氧搏击课程需要持续练习 45—60 分钟，时间长、中低强度，属于有氧运动，身体能量主要靠消耗体内的肌糖元和脂肪，因此搏击操对于减肥的人来说，无疑是一项非常有益的运动。比如 60 公斤的人，做一个小时的有氧搏击操可消耗 600 卡的热量。搏击操中的所有动作几乎都要求腰腹发力，并保持身体平衡，所以对腰腹部的瘦身效果相对较强。由于出拳、踢腿速度快、力量大，这种爆发力可以塑造肌肉线条，增强肌肉力量，让肌肉更结实，减脂塑型更有效。

图 4—11—4　搏击操图

(2) **增加心肺耐力，增强肌肉力量和柔韧性**

搏击操的动作在发力时要求速度快、有力，但收缩时自然、放松、快捷，通过局部与综合的动作练习，一节有氧搏击课程需要持续练习 45—60 分钟，可以有效增强人的心肺功能，提高肌肉的协调性、柔韧性，尤其对腰部、臀部的健美效果比其他运动项目更明显。持续练习 3 个月后能让练习者拥有很好的耐力。与武术、搏击、跆拳道相比，搏击操更加实用。它动作简单，高难度动作较少，技术要求不高，适合长期、经常性的练习，对心肺功能的锻炼很有帮助。

（3）**减压，调节情绪，增加对抗性**

搏击操动作速度快、幅度大，一旦投入其中，很快就会被它的激情和热情所感染，同时它的动作具有对抗性，比如教练在现场有时会说“出拳，目标是敌人！”让练习者在想象中获得运动的乐趣，起到排减压力，调节情绪的作用，同时又可以防身。对现代人来说，有氧搏击操是一种娱乐而又不伤害任何人的发泄减压的健身方式。

（4）**针对腰腹部有特殊的锻炼效果**

有氧搏击操的练习，在增强锻炼者的身体素质的同时，更加注重腰腹部的发力，它的拳法、腿法都需要借助腰部发力来完成，大量的腰部和腹部的收缩，使练习者拥有更加强健平坦的腹部。

4. 搏击操的基本动作

搏击操的基本动作主要是上肢的直拳、摆拳、勾拳等，腿部的提膝、后踢、侧踢，等等。各部位动作定型后，进行动作组合，上肢和腿部动作相结合，配合音乐进行动作转换，练习者可充分感受到力量的魅力。搏击操的站姿来源于搏击项目的防卫姿态，分正面站姿与格斗站姿。主要是两腿微微弯曲、开立、躯干固定、重心放在两腿之间，稍收腹，两臂屈肘，握拳于颌部。

5. 练习搏击健身操的注意事项

（1）课程强度。根据自身的承受力来扩大或缩小动作幅度，避免损伤。

（2）动作准确性。一定要按照教练或教师的标准动作去做，对身体的控制要掌握好，提高练习效果，同时避免伤害腰部和关节。

①腹部、下颚收紧，两手握拳于脸前（防御姿势），保持呼吸，不屏气。

②侧踢时不能向前扭胯，否则会导致压力集中膝部，绷脚尖会扭伤膝盖，应向脚尖方向扭胯以减轻膝盖的侧压力。

③膝盖不要僵直，以减轻缓冲。在转身时要抬起膝盖，否则会扭伤十字韧带。

④击拳时要由肩部带动出拳，在完成击拳和踢腿动作前一直看着

目标。

⑤避免有心脏病、高血压以及腰、膝关节有伤的人进行练习。

（二）健身球操

1. 起源与发展

健身球1963年起源于瑞士，所以最早就叫作“瑞士球”。当时健身球主要用来给人们做物理治疗，帮助那些运动神经受损的人训练恢复运动神经的平衡能力。到了20世纪80年代，瑞士球在治疗诊所和康复中心得到普及，专业运动队也把它当成提高运动员平衡稳定能力、预防运动损伤的训练工具。健身球出现后也随即传到了澳大利亚、欧洲等国家，人们用它来治疗腰背疾病、神经紊乱、膝盖和肩部康复医疗以及纠正体态、提高平衡能力等。健身球在美国非常受欢迎，其风靡美国的主要原因是它的健身效果好于传统方法。得克萨斯州大学曾以55位年龄在20—40岁之间的女性为对象进行试验，在为期10周的时间里使用各种手段和器材对她们进行身体训练，结果发现健身球训练女子肌肉力量增幅要比其余人高25%—50%，此外她们的协调性与平衡能力也要明显好于其他人。一些举重运动员在进行了健身球训练之后，由于开发了背部肌群，比赛成绩明显提高。

近几年健身球被引入健身房，而且很快就被人们接受并喜爱。在我国健身球于1999年首先出现在上海，2001年开始进入广州、北京、西安等各大城市健身房。现在健身球课程发展迅速，并且出现了孕妇健身球课程，帮助孕妇做产前运动。

2. 健身球操简介

健身球作为新兴健身方式是一项融合健美操、音乐，以健身球为主要运动器具进行的一项有氧练习。它具有很多优点和用途。首先健身球在锻炼时比较安全，减少关节承受力，降低肌肉负荷，不容易出现关节和肌肉的损伤，其次健身球可以提高人的柔韧、力量、平衡、姿态、心肺功能。此外它对空间的要求不高，在家就能自由练习，没有年龄和肌体适应能力限制。因此，在健身俱乐部，健身球已越来越受到健身爱好者的青睐。

图 4—11—5　健身球示意图

3. 健身球的特点

(1) **具有广泛的适应性**

健身球课程不受年龄限制，尤其是适合需要康复治疗的人，它使锻炼者在锻炼时更加安全，避免对关节造成过强冲击，从而减少运动损伤。另外健身球不受场地限制，在家、办公室、户外都可以进行练习。

(2) **具有较强的趣味性**

健身球改变了以往枯燥的健身模式，让练习者在热情欢快的音乐中，与球一起共舞。根据节奏变化，时而缓慢、时而欢快、时而举球、时而拉伸，与球互动，增加了健身的趣味性。

(3) **健身球规格多样性**

健身球规格多样，以适合不同体格的人们。健身球的大小是从地板到球的顶端的直径来衡量的。对不同高度的人使用健身球大小首先要考虑联系着的体重和手臂长度，体重高手臂长的人应该选择较大的球。

4. 健身球的基本动作

健身球的基本动作主要包括动态坐球、举球、拍球、身体各个部位的压、支撑、滚球等动作。根据练习者的要求进行编排和组合，进行练习。

5. 健身球的功能

健身球可以训练胸、腹、背、臀、腿等处的肌肉群，而这些肌肉群在保持身体平衡、改善身体姿势以及预防运动损伤等方面发挥着重要作用。健身球对运动损伤有很好的康复功能（对腰、背疗效显著）。而且，健身球在锻炼时比较安全，不容易出现损伤，健身球还可以锻炼人的柔韧、力量、平衡、姿态及心肺功能。

（1）**缓解背部疼痛**

健身球强调“动态坐姿”，当人坐到上面运动时，身体放松，背部、臀部、膝关节等部位仍处于不停微调的状态，使自己保持平衡，这种调整使得椎间盘血液循环加速，增强背部肌肉力量。通过随时随地调整自己的中心和平衡，保持正确的坐姿。

（2）**增加肌肉力量**

在健身球上做运动，首先要利用身体力量来稳定球的移动，身体各个关节都在不断地运动当中，所以利用健身球做动作会增加运动负荷，身体肌肉力量增加也就更加明显。

（3）**提高身体平衡能力**

健身球非常有助于平衡力量的训练，“动态坐姿”就是最为简单的身体平衡练习；利用健身球作为支点，做一些平衡动作，会比没有借助器械练习平衡更加有效。

（4）**提高身体柔韧性**

利用健身球提高身体柔韧性，主要是利用了它的高度和软度，高度用于提高柔韧性的幅度，软度为了缓解柔韧性练习带来的疼痛感，通常对于柔韧性差的学生，利用健身球进行柔韧性训练不会那么枯燥痛苦。

6. 练习健身球操的注意事项

（1）呼吸：每次练习前都要先做几组深呼吸，保持注意力集中。这样会使你的整个练习更有效果。

图 4—11—6　健身球示意图

（2）准确：做每一个动作之前都要想一下，尽量使每一个动作都准确到位。

（3）控制力：每做一个动作时都尽量坚持时间长一点。

（4）韵律：记得无论是什么健身项目，有节奏感和韵律协调都能使你的整个练习过程更流畅、舒展、有效果。

（5）第一次使用健身球，充气时尽量少充一些，使球保持一个柔软度，这样有利于掌握平衡性。

（三）啦啦操

1. 起源与发展

啦啦操的起源可以追溯到原始部落时期。早期的原始部落人们为了激励外出打仗或打猎的战士们，举行一种仪式，仪式中有族人用欢呼和手舞足蹈的热情表演来鼓励战士，希望他们能凯旋。现代啦啦操起源于19世纪80年代，在美国普林斯顿大学的一场橄榄球赛场上，观众为了给队员加油，呐喊助威，烘托赛场氛围，出现了自发性、有组织的团队表演，这便是现代啦啦操的雏形。1898 年，明尼苏达大学的学生约翰尼·坎贝尔（JohnnyCampbell）在观看橄榄球比赛时非常激动，站在观众席前面带领大家一起为比赛运动员加油呐喊，这段节奏特别的呐喊被记录在明尼苏达大学发行的《Ariel》刊物上，这标志着现代啦啦操的正式诞生。

随着啦啦操的发展遍布美国的 NBA、棒球、游泳、田径、摔角等比赛现场，至今已经有 100 多年的历史。随着人民生活水平的不断提高，啦啦操所特有的健身、健美，娱乐和观赏的实用价值受到越来越多的人的重视，吸引了不同年龄的爱好者参与，形成了一定规模。现代啦啦操以团队的形式出现，结合 Dance（舞蹈）、Cheer（口号）、Partner Stunts（舞伴特技，是指托举的难度动作）、Tumbling（技巧）、Basket Toss（轿子抛）、Pyramid（人墙）、Jump（跳跃）等动作技术，配合音乐、服装、队形变化及标示物品（如彩球、口号板、喇叭与旗帜）等要素，遵守比赛规则中对性别、人数、时间限制、安全规则等规定进行比赛的运动，称之为竞技啦啦操，亦可称为啦啦队。竞技啦啦分为技巧啦啦和舞蹈啦啦。其中技巧啦啦包括 Mixed（男女混合组）、All－Female（全女子组）和 Partner stunts（舞伴特技）；舞蹈啦啦队又包括 Pom（花球）、High kick（高踢腿）、Jazz（爵士）和 Prop（道具）四个组别。代表世界啦啦操最高水平的全美啦啦操队锦标赛参赛标准：队伍人数要在 6—32 人之间，分四个组别进行比赛，分别是业余组、中学组、大学组和全明星组。由于啦啦操比赛可在体育馆和舞台上举行，加之啦啦操运动时场地运用集中的特点，给企业结合比赛进行广告宣传创造了机会。啦啦操项目受到越来越多的企业的青睐。

2. 定　义

啦啦操原名 cheer leading。其中 cheer 的部分，有振奋精神，提振士气的意思。啦啦操来源于早期部落社会的仪式。为激励外出打仗或打猎的战士们，他们通常会举行一种仪式，仪式中族人用欢呼、手舞足蹈的表演来鼓励战士，希望他们能够凯旋。啦啦操是体育运动中的一个新兴项目。广义上讲，啦啦操是指有组织的以呐喊助威为目的的社会文化活动的总称，它包括体育赛事性质的活动以及对应的啦啦操体育舞蹈；狭义上讲，啦啦操是指团队组织性表演，在音乐或口号的伴奏下，徒手或手持轻器械做动作，是具有观赏性、表演性、激发性、竞技性的一项体育运动。啦啦操运动体现的是团队合作意识，它是一项朝气蓬勃的体育运动。

3. 啦啦操种类

（1）**按照表演形式分类**

①场地啦啦操

a 舞蹈啦啦操

舞蹈啦啦操是以舞蹈动作为主，以各种舞蹈技巧和舞蹈元素，结合道具为主要内容的团队比赛项目，包括彩球、高踢腿、爵士、现代舞、街舞等多个组别。舞蹈啦啦操要求表演者具有较强的身体素质、较好的协调性、柔韧性和表现力，除此之外还需要参与者具有集体意识和团队合作精神。舞蹈啦啦操中的手型有多种，是从芭蕾舞、现代舞、街舞、拉丁舞中吸收和发展的。手型是手臂动作的延伸和表现，运用得好，会使啦啦操动作更加丰富多彩，生动活泼，更具有感染力。（1）并拢式：五指伸直，相互并拢。大拇指微屈，指关节贴于食指旁。（2）分开式：五指用力伸直，充分张开。（3）芭蕾手式：五指微屈，后三指并拢、稍内收，拇指内扣。（4）拳式：握拳，拇指在外，指关

图 4—11—7　舞蹈啦啦操

节弯曲，紧贴于食指和中指。(5) 立掌式：五指伸直，手掌用力上翘。(6) 西班牙舞手式：五指用力，小指、无名指、中指自掌指关节处依次屈，拇指稍内扣。

b 技巧啦啦操

技巧啦啦操是指以跳跃、翻腾、金字塔、拖举、抛接等技巧性难度为主要内容，配合舞蹈动作、过渡与连接、口号和队形变化的团队竞赛项目，它包括男女混合组、全女子组和五人技巧组三种。技巧性啦啦操的难度较高，对运动员的身体素质要求有所不同，也有高空难度，因此技巧性啦啦操对运动员体能和技术水平都有非常严格的要求，团队配合的准确性也比舞蹈性啦啦操要求高。

图 4—11—8 技巧啦啦操

②看台啦啦操

看台啦啦操是指观众席上的啦啦队员在指挥员的统一指挥下通过口令、道具变换的图形以及完成击掌、人浪等助威动作，集体展示啦啦操队员助威技巧与风貌的项目。看台啦啦操由队员、服装、道具、口号、指挥等元素组成。看台啦啦操具有简易性、广泛性、宣传性、灵活性、文明性等特点。依据啦啦操队员是否手持器械，看台啦啦操可分为轻器械看台啦啦操和徒手看台啦啦操。看台啦啦操是在观众席上完成的，由于场地的限制，其运动幅度小、动作简单、观赏性没有场地啦啦操那么强，对参与者的体能、身体素质也没有场地啦啦操要求那么高，普通群众均可参与。但是看台啦啦操注重服装、道具的选择，合作意识要求高。

（2）**按照表演性质分类**

①竞技啦啦操

竞技啦啦操的主要目的就是竞赛取胜，因此，在竞技啦啦操操化动作的设计上要求多样性、多元性、多变性，技巧要求上难度较高，过渡与连接动作要求新颖、流畅，动作选择和设计上要科学合理，强调安全性。竞技啦啦操有严格的竞赛规则，其比赛的规模、项目、参赛者年龄等不同，竞赛规则也不同。

②表演啦啦操

表演啦啦操是根据所参加的表演项目预先设计、编排和排练的成套动作，人数、时间不限。

表演啦啦操注重表演的效果、动作的艺术性、音乐效果、队形多样化，表演者动作完成的质量和表现力等方面都要求较高。通常表演啦啦操的动作更强调动作风格和表现力与音乐风格协调统一。表演啦啦操为了保证一定的表演效果，其成套动作会加入更多元素。舞蹈类型丰富，突出表现力、感染力来烘托气氛，增强表演效果。

4. 啦啦操的功能

（1）**强身健体**

无论是舞蹈啦啦操还是技巧啦啦操，顺利完成成套动作，需要学生们具有一定的身体素质、技术、技巧。增强身体素质锻炼是完成动作的基础，日常训练需要加强力量、耐力、柔韧性、协调性、速度以及体能训练，定期训练会增强学生体质，起到强身健体的作用。

（2）**培养团队意识**

无论是舞蹈啦啦操还是技巧啦啦操，顺利完成成套动作，需要学生们具有团队意识，增强大家相互协作的能力，提高学生之间的责任心和责任感，增进队员之间的信任感及队员们的服从能力和克服一切困难，完成任务的坚强的毅力。

（四）拉丁健身操

1. 起　源

拉丁健身操动作源于拉丁舞，是健美操与拉丁舞的有机组合，起源于2000年，首先在北京健身俱乐部出现，在国内有很多学校已经开设了拉丁健身操课程，很受欢迎。

2. 特　点

拉丁健身操来源于国标中的拉丁舞，但不强调拉丁舞基本步，更确切地说，它是健身操的一种，强调能量消耗，对动作的细节要求不高，更注重运动量和运动强度。侧重对髋、腰、胸、肩部关节的活动，拉丁操自由随意，热情奔放，节奏明显，非常适合年轻人。它的锻炼侧重点在于腰和髋部，同时使大腿内侧得到充分锻炼。拉丁健身操的另一个特点是在热烈奔放的拉丁音乐中感受南美风情，同时体验健身操的动感与力量，令人获得精神上和身体上的舒展。在锻炼之外更可自我享受。拉丁健身操要求百分之百的情绪投入，越是淋漓尽致地把拉丁的感觉发挥出来，就越能放开，无所顾忌，在音乐中释放身体。

3. 拉丁健身操常用的拉丁基本步

（1）**伦巴**（Rumba）

Basic Movement 基本动作、Fan 扇形步、Alemena 阿力玛娜、Hockey Stick 曲棍步、Progressive Walks 行进走步。

（2）**恰恰恰**（Cha Cha Cha）

Basic Movement 基本动作、Fan 扇形步、Alemena 阿力玛娜、Hockey Stick 曲棍步、Three Cha Cha Cha 三个恰恰恰、atural Top 右陀螺转。

（3）**桑巴**（Samba）

Basic Movement 基本移动步、Whisk（L. &R.）叉形步、Samba Walks in P. P 并进叉形步、Samba Side Walk 旁桑巴步、Progressive Bota Fagos 行进侧点步。

4. 健身价值

（1）**增强身体素质**。通过拉丁健美操课程，使大学生在身体素质方面得到明显加强，身体许多器官、系统产生良好的影响。提高心脏功能，使心搏有力，心输出量增加，提高全身供氧能力，使呼吸肌力量增强，呼吸系统机能得到改善。

（2）**提高协调性**。通过对动作的重复练习及动作与音乐的配合，提高各关节和肌肉共同参与动作的能力，提高身体的协调性，使成套动作美观、大方、动感十足，具有一定的观赏性和感染力。

（3）**培养正确的身体姿态**。改善不良的身体姿态，形成优美的体态，在日常生活中养成抬头挺胸的习惯，始终保持一种挺拔的姿态。

（4）**减轻压力**。扩大大学生之间的交往，形成良好的人际关系，在拥有共同兴趣的基础上共同娱乐，共同享受拉丁健美操带来的激情和快乐，有效地减轻学习和生活压力，使自己处于完全放松的状态，完全沉浸于音乐与动作的协调配合之中，享受拉丁健美操带来的无穷无尽的乐趣。

第十二节　节奏体语

一、节奏体语简介

节奏体语其实是一种以“拍打”身体各部位和跺脚等有节奏的方式的新兴体育运动，是由北京林业大学体育教师刘悦和鼓手周洋创编的。其实节奏体育是体态体语的进一步发展。而体态语言，亦称“人体示意语言”“身体言语表现”“态势语”“动作语言”等，是人际交往中一种传情达意的方式。在日常人际交往中，体态语言是有一定规律的。懂得这一点，不仅有助于我们容易理解别人的意图，而且能够使自己的表达方式更加丰富，表达效果更加直观易懂，使人与人之间交流更加容易，创造和谐的交际氛围。在交际中常见的体态语言主要有：情态语言、身势语言、空间语言。节奏体育主要是身势语言的进一步发展。

节奏体语是由北京林业大学体育教师刘悦和鼓手周洋创编的，创意来源于非洲手鼓舞蹈和非洲的靴子舞蹈，在非洲舞的教学中衍生出节奏鼓语，又在节奏鼓语的创编过程中衍生出节奏体语。节奏体语的动作构成主要靠手掌击打身体各部位（腿，手臂，脚）和跺脚来打出具有节奏感的声音。通过有节奏的手对身体拍打，脚对地面的作用以及丰富的吟唱和喊声营造出音乐演奏的效果，还结合了不同的舞蹈、音乐、健身元素，将音乐、舞蹈、体育运动的美感融为一体。节奏体语不仅是一项运动，还是很好的健身与教育手段。尤其在培养学生团队合作意识和集体荣誉感方面有特殊的教育价值与意义。节奏体语无论是练习还是表演都无须背景音乐、练习者以身体为乐器动员身体最大限度地参与，将每个练习者最原始最纯粹的潜能激发出来，大家只有全神贯注地投入进来，才会有统一节奏的效果，锻炼的过程中会让人感到精神振奋，激情昂扬，是一种积极向上充满正能量的体育运动。

二、节奏体语的特点

（一）统一性

统一性是节奏体语最为突出的特点之一，你在观赏节奏体语表演的过程中会发现所有人的动作都是一致的，包括对身体的拍打，脚对地面的动作以及团体的吟唱、击掌、呼喊整齐划一。你会感叹他们的一致性会到如此整齐划一的地步，这就是它独特的艺术特性，只有通过长期刻苦的集体性训练才会有这样的效果。

（二）广泛性

广泛性是指节奏体育具有广泛的群众基础，动作较为简单，易于掌握。不受年龄、技术、水平、运动能力和身体素质等内在因素的限制，也不受时间、场地、外在环境因素的影响。不需要任何音乐、器材，完全是自身有节奏的拍打，在学校易于开展与实施。

（三）艺术性

节奏体语是在没有任何音乐的背景下进行舞蹈，利用身体创造出有节奏的音乐是节奏体语最突出的特点。通过控制拍打的节奏、拍打部位、跺脚的方式产生的韵律再配合击掌和呐喊效果创造出具有特色的体育艺术。

（四）创新性

创新性是指节奏体育可以融入自由的舞蹈形式，以及每一位成员可以根据自己的喜好特点，有针对性地改变拍打部位、拍打的节奏来进行创编动作套路，再根据团队的特点和风格创编出独具特色的节奏体语的作品。

三、节奏体语的功能

（一）培养团队意识

节奏体语属于团体表现或健身的形式，因此能够培养大家的团队合作意识。要想按照节奏统一拍打到位需要团队每个成员共同努力练习来完成。

（二）调动锻炼情绪，使学生能够快乐健身

节奏体语通过利用身体创造出有节奏的音乐，节奏体语最突出的特点是通过控制拍打节奏和拍打部位产生的韵律和效果创造出独有特色，很有感染力与活力，很容易调动练习者的情绪，使练习者全身心投入其中。

（三）拍打身体，能够促进血液循环，增进健康

有力地拍打身体，结合一定的舞蹈动作能够有效促进身体血液循环，锻炼身体，增进健康。

参考文献

【1】张斌：《都市极限无规则运动“跑酷”初探》，《体育科技》2009年第6期。

【2】刘静等：《对于在我国青少年中开展跑酷运动的探讨》，《科技风》2008年第5期。

【3】郭立三：《跑酷运动的体能特点及训练方法》，《湖北体育科技》2009年3月，第28卷第2期。

【4】于丛丛、翟淑科：《从历届民运会看民族传统体育的另类价值》，《经营管理者》2010年第7期。

【5】百度百科_全球最大中文百科全书 http://baike.baidu.com。

【6】360百科：http://baike.so.com。

【7】搜狗百科 http://baike.sogou.com/Home.v。

【8】池爱平、李虹：《节奏体语的传播及在高校中开展的优势》，《湖北体育科技》2014年第6期。